ABENÇOANDO JERUSALÉM O ANO TODO

Petra van der Zande

Abençoando Jerusalém o ano todo

Título original: Blessing Jerusalem all Year Round
Traduzido por: Guilherme Adriano

Direitos Autorais © 2014 Petra van der Zande, Jerusalém, Israel.

ISBN 978 965 7542 20 0

Fotos: Davka Corp 1998 & Petra van der Zande

Palavras chave:
Israel; intercessão, festas judaicas, Jerusalém, Estudo Bíblico, abençoar.

Publicado por Tsur Tsina Publications

Impresso por Lulu.com e por Printiv, Jerusalém

Website: (Essence of Rock)

Websites

http://int.icej.org
www.icej-brasil.com.br
www.icej-portugal.org

INTERNATIONAL
CHRISTIAN
EMBASSY
JERUSALEM

Portuguese

INTRODUÇÃO

Em 1996, uma amiga holandesa visitou a cidade de Calcutá, na Índia, para interceder pelo país. Três semanas depois, quando era sua hora de deixar o país, ela pensou nos crentes dali com quem trabalhou. Eles tinham de ficar ali e continuar seu trabalho nessa cidade grande. Não estavam muito otimistas a respeito. Palavras negativas não melhoraram a situação, e nossa amiga acreditava que algo positivo deveria ser feito a respeito disso. Não seria maravilhoso se pessoas, ao invés de amaldiçoar, começassem a proclamar palavras de vida da palavra de Deus sobre aquela cidade?

Esse era o começo de o 'Calendário de abençoar a cidade', com uma bênção para cada dia do ano. Nos anos seguintes, esse calendário de bênçãos foi usado para grandes cidades em geral, e cada vez que nossa amiga visitava uma cidade importante, ela os deixava com uma cópia do calendário.

Quando nossa amiga visitou Israel em 2012, nós também recebemos uma cópia do 'Calendário de abençoar a cidade'. Minha sugestão de fazer um livro com bênçãos para Jerusalém foi uma resposta às orações dela.

Primeiramente lançado em holandês, o livro foi traduzido para versões em língua inglesa, seguida pela alemã, espanhola e agora portuguesa. Este calendário sem igual é uma ferramenta prática para abençoar a cidade do grande Rei, Jerusalém.

> *E abençoarei os que te abençoarem,*
> *e amaldiçoarei os que te*
> *amaldiçoarem; e em ti serão benditas*
> *todas as famílias da terra.*
> *Gênesis 12:3*

Como esse calendário funciona?

Todo **primeiro** dia do mês, oramos pela paz de Jerusalém. O **segundo** dia, crentes e igrejas da cidade são abençoados. No **décimo** dia do mês, oramos pela paz e prosperidade de Jerusalém. No **décimo primeiro dia**, trazemos líderes e governo diante do trono de Deus. No **vigésimo** dia, oramos pelas viúvas, órfãos e forasteiros vivendo na cidade. O **trigésimo** e **trigésimo primeiro** dia de cada mês são sempre iguais: abençoamos a cidade cujo Deus é o Senhor e ansiamos pelo dia em que Jerusalém receberá o nome que significa: Cidade de Deus.

A maioria dos dias mencionados acima usa o mesmo versículo Bíblico. Janeiro começa com versículos de Gênesis, e dezembro termina com o livro do Apocalipse.
O calendário original apenas dava a referência Bíblica. Este livro contém os versículos, tirados da Nova Versão Internacional, Almeida Corrigida e Revisada Fiel e Almeida Revisada Imprensa Bíblica, mas é sempre bom manter sua Bíblia à mão e ler os versículos em seus contextos. Às vezes, outras traduções da Bíblia dão diferentes olhares e entendimentos à bênção sendo proclamada sobre a Cidade do Grande Rei.

O Senhor te abençoará desde Sião, e tu verás o bem de Jerusalém em todos os dias da tua vida.
Salmos 128:5

Orai pela paz de Jerusalém;
prosperem aqueles que te amam.
Haja paz dentro de teus muros,
e prosperidade dentro dos teus palácios.
Por causa dos meus irmãos e amigos,
direi: Haja paz dentro de ti.
Por causa da casa do Senhor,
nosso Deus, buscarei o teu bem.
Salmos 122: 6-9

Jerusalém e as festas do Senhor

Em Levíticos 23: 1-44, lemos como o Senhor Deus deu ao povo Judeu suas festas. Nos tempos Bíblicos, o Ano Novo Judeu (*Rosh Hashanah*), começou com a comemoração do êxodo do Egito. Séculos depois, *Rosh Hashanah* foi celebrado no mês de setembro.

Judeus religiosos seguem o calendário judaico, que é lunar, enquanto o mundo ocidental usa o calendário gregoriano. Esse é o motivo pelo qual o começo dos dias sagrados judeus é diferente todo ano. Em Israel, um novo dia começa ao pôr do sol, quando três estrelas podem ser vistas no céu.

Em termos gerais, podemos dizer que a *Pessach* (Páscoa) geralmente cai no mes de abril; *Shavout* (Festa das Semanas, Pentecoste) geralmente cai em maio; setembro/outubro é o mês em que Rosh Hashanah é celebrado, e o *Yom Kippur* (dia da expiação) e a *Sukkot* (Festa dos Tabernáculos).

Pesach, Shavuot e a Sukkot foram os então chamados festivais de peregrinos. Três vezes ao ano, todos homens judeus tinham que aparecer diante de Deus em Sião, para celebrar "A Festa do Senhor".

Purim (de 'pur', que significa porção) não é uma "Festa do Senhor", mas é celebrada com muita alegria, geralmente no mês de março. O Pergaminho de Ester está sendo lido na sinagoga.

Dias memoriais são os de maior importância para o povo judeu. Em *Yom haShoah*, o povo honra a memória dos seis milhões de judeus mortos pelos nazistas durante a segunda guerra mundial.

Yom haZikaron é o dia em que lembramos os soldados que deram suas vidas lutando as muitas guerras de Israel, mas também as vítimas de terrorismo.
Esses dias memoriais são geralmente em Maio.

Jerusalém foi e sempre será o lugar mais importante para muitos judeus ao redor do mundo para celebrar suas festividades e dias sagrados.

Nesse calendário, o mês em que o uma festividade judaica é celebrada contém informação adicional.

Pela bênção dos homens

de bem a cidade se exalta,

mas pela boca dos perversos

é derrubada.

Provérbios 11:11

JANEIRO

**Bendito seja o Senhor
desde Sião,
que habita em Jerusalém.
Louvai ao Senhor.
Salmos 135:21**

JANEIRO

1. ORE PELA PAZ DE JERUSALÉM.
Orem pela paz de Jerusalém: Vivam em segurança aqueles que te amam!
Salmos 122:6

2. QUE DEUS DERRAME SEU ESPÍRITO NAQUELES QUE CREEM
Não mais esconderei deles o rosto, pois derramarei o meu Espírito sobre a
nação de Israel, palavra do Soberano Senhor. Ezequiel 39:29

3. QUE JERUSALÉM SEJA UMA CIDADE DE LUZ
Disse Deus: "Haja luz", e houve luz. Gênesis 1:3

4. QUE DEUS TE DÊ ORVALHO DO CÉU E RIQUEZA DA TERRA
Que Deus lhe conceda do céu o orvalho e da terra a riqueza, com muito
cereal e muito vinho. Gênesis 27:28

5. QUE DEUS SEJA TUA FORÇA E CANÇÃO
O Senhor é a minha força e a minha canção. Êxodo 15:2

6. QUE DEUS SEJA TUA SALVAÇÃO
Ele é a minha salvação! Ele é o meu Deus e eu o louvarei, é o Deus de meu
pai, e eu o exaltarei! Êxodo 15:2

7. DEUS SERÁ UM INIMIGO DOS TEUS INIMIGOS
Se vocês ouvirem atentamente o que ele disser e fizerem tudo o que lhes
ordeno, serei inimigo dos seus inimigos, e adversário dos seus adversários.
Êxodo 23:22

8. DEUS TE CONHECE PELO NOME E ACHASTES FAVOR COM ELE
Disse Moisés ao Senhor: "Tu me ordenaste: 'Conduza este povo', mas não
me permites saber quem enviarás comigo. Disseste: 'Eu o conheço pelo
nome e de você tenho me agradado'. Êxodo 33:12

9. A PRESENÇA DO SENHOR IRÁ CONTIGO E TE DARÁ DESCANSO.
Respondeu o Senhor: "Eu mesmo o acompanharei, e lhe darei descanso".
Êxodo 33:14

10. BUSQUE A PAZ E PROSPERIDADE DE JERUSALÉM.
Busquem a prosperidade da cidade para a qual eu os deportei e orem ao
Senhor em favor dela, porque a prosperidade de vocês depende da
prosperidade dela. Jeremias 29:7

11. QUE TEUS GOVERNADORES NÃO REINEM SOBRE TI IMPIEDOSAMENTE,
MAS NO TEMOR DE DEUS.
Não dominem impiedosamente sobre eles, mas temam o seu Deus.
Levítico 25:43

12. DEUS PODE QUEBRAR OS GRILHÕES DE TEU JUGO
Eu sou o Senhor, o Deus de vocês, que os tirou da terra do Egito para que
não mais fossem escravos deles; quebrei as traves do jugo que os prendia
[...] Levítico 26:13

13. DEUS PODE TE FAZER ANDAR DE CABEÇA ERGUIDA
Eu sou o Senhor, o Deus de vocês, que os tirou da terra do Egito para que
não mais fossem escravos [...] os fiz andar de cabeça erguida. Levítico 26:13

14. O PODER DO SENHOR NÃO É LIMITADO.
O Senhor respondeu a Moisés: "Estará limitado o poder do Senhor? Agora
você verá se a minha palavra se cumprirá ou não". Números 11:23

15. QUE O SENHOR TE ABENÇOE, JERUSALÉM!
O Senhor te abençoe e te guarde. Números 6:24

16. O SENHOR QUER SER GRACIOSO CONTIGO, JERUSALÉM!
O Senhor faça resplandecer o seu rosto sobre ti e te conceda graça.
Números 6:25

Eis a voz dos teus atalaias!
Eles alçam a voz, juntamente exultam;
porque olho a olho verão,
quando o Senhor fizer Sião voltar.
Isaías 52:8

17. O SENHOR QUER TE DAR PAZ, JERUSALÉM!
O Senhor volte para ti o seu rosto e te dê paz. Números 6:26

18. QUE DEUS SEJA TUA GLÓRIA.
Seja ele o motivo do seu louvor, pois ele é o seu Deus, que por vocês fez aquelas grandes e temíveis maravilhas que vocês viram com os próprios olhos. Deuteronômio 10:21

19. QUE DEUS TE DÊ VITÓRIA SOBRE TEUS INIMIGOS
Pois o Senhor, o seu Deus, os acompanhará e lutará por vocês contra os inimigos, para lhes dar a vitória. Deuteronômio 20:4

20. QUE O JUSTO PROSPERE PARA QUE JERUSALÉM EXULTE
Quando os justos prosperam, a cidade exulta; quando os ímpios perecem, há cantos de alegria. Provérbios 11:10

21. ORE PELA CAUSA DO ÓRFÃO, DA VIÚVA E DO ESTRANGEIRO.
Ele defende a causa do órfão e da viúva e ama o estrangeiro, dando-lhe alimento e roupa. Deuteronômio 10:18

22. QUE O SENHOR SEJA TUA VIDA.
Para que vocês amem o Senhor, o seu Deus, ouçam a sua voz e se apeguem firmemente a ele. Pois o Senhor é a sua vida, e ele lhes dará muitos anos na terra que jurou dar aos seus antepassados, Abraão, Isaque e Jacó. Deuteronômio 30:20

23. O SENHOR NÃO VAI TE DEIXAR, Ó JERUSALÉM!
Sejam fortes e corajosos. Não tenham medo nem fiquem apavorados por causa deles, pois o Senhor, o seu Deus, vai com vocês; nunca os deixará, nunca os abandonará. Deuteronômio 31:6

24. QUE DEUS SEJA TEU ESCUDO E TE PROTEJA.
Numa terra deserta ele o encontrou, numa região árida e de ventos uivantes. Ele o protegeu e dele cuidou; Deuteronômio 32:10

25. QUE DEUS TE GUARDE COMO A MENINA DE SEUS OLHOS.
Guardou-o como a menina dos seus olhos. Deuteronômio 32:10

26. DEIXE JERUSALÉM VIVER E NÃO MORRER.
Que Rúben viva e não morra, mesmo sendo poucos os seus homens.
Deuteronômio 33:6

27. Ó SENHOR, SEJA A AJUDA DA CIDADE CONTRA SEUS INIMIGOS!
E disse a respeito de Judá: "Ouve, ó Senhor, o grito de Judá; traze-o para o
seu povo. Que as suas próprias mãos sejam suficientes, e que haja auxílio
contra os seus adversários!" Deuteronômio 33:7

28. ABENÇOE O TRABALHO DE SUAS MÃOS.
Abençoa todos os seus esforços, ó Senhor, e aprova a obra das suas mãos.
Despedaça os lombos dos seus adversários, dos que o odeiam, sejam quem
forem. Deuteronômio 33:11

29. QUE JERUSALÉM SEJA SEGURA.
A respeito de Benjamim disse: "Que o amado do Senhor descanse nele em
segurança, pois ele o protege o tempo inteiro, e aquele a quem o Senhor
ama descansa nos seus braços." Deuteronômio 33:12

30. BENDITA É A CIDADE CUJO DEUS É O SENHOR.
Como é feliz a nação que tem o Senhor como Deus, o povo que ele
escolheu para lhe pertencer! Salmos 33:12

31. QUE O NOME DA CIDADE SEJA: O SENHOR ESTÁ AQUI
E daquele momento em diante, o nome da cidade será: O SENHOR ESTÁ
AQUI. Ezequiel 48:35

שד‧ בֶּן מַיְמוֹן ״הרמב״ם
24 » 2
ســدروت بـن مـيـمـون
BEN·MAIMON HARAMBAM ST.

ANOTAÇÕES

FEVEREIRO

© Davka 1998

Exulta,
e alegra-te ó filha de Sião,
porque eis que venho,
e habitarei no meio de ti,
diz o Senhor.
Zacarias 2:10

FEVEREIRO

1. ORE PELA PAZ DE JERUSALÉM.
Orem pela paz de Jerusalém: Vivam em segurança aqueles que te amam!
Salmos 122:6

2. QUE DEUS FORTALEÇA OS QUE CREEM.
Assim, eu fortalecerei a tribo de Judá e salvarei a casa de José. Eu os
restaurarei porque tenho compaixão deles. Eles serão como se eu nunca os
tivesse rejeitado, porque eu sou o Senhor, o Deus deles, e lhes
responderei. Zacarias 10:6

3. QUE DEUS ABENÇOE A CIDADE.
Com o melhor que o sol amadurece e com o melhor que a lua possa dar.
Deuteronômio 33:14

4. QUE OS MELHORES PRESENTES DO MUNDO SEJAM TRAZIDOS A TI.
Com os melhores frutos da terra e a sua plenitude, e o favor daquele que
apareceu na sarça ardente. Que tudo isso repouse sobre a cabeça de José,
sobre a fronte do escolhido entre os seus irmãos. Deuteronômio 33:16

5. QUE O SENHOR FAVOREÇA JERUSALÉM.
A respeito de Naftali disse: "Naftali tem fartura do favor do Senhor e está
repleto de suas bênçãos; suas posses estendem-se para o sul, em direção
ao mar". Deuteronômio 33:23

6. QUE DEUS SEJA TEU ETERNO REFÚGIO.
O Deus eterno é o seu refúgio, e para segurá-lo estão os braços eternos. Ele
expulsará os inimigos da sua presença, dizendo: 'Destrua-os!'
Deuteronômio 33:27

7. QUE SEJAS ABENÇOADA, JERUSALÉM!
Como você é feliz, Israel! Quem é como você, povo salvo pelo Senhor? Ele é
o seu abrigo, o seu ajudador e a sua espada gloriosa. Os seus inimigos se
encolherão diante de você, mas você pisará os seus altos.
Deuteronômio 33:29

8. QUE DEUS LUTE POR TI.

Um só de vocês faz fugir mil, pois o Senhor, o seu Deus, luta por vocês, conforme prometeu. Josué 23:10

9. CANTE LOUVORES AO SENHOR!

Ouçam, ó reis! Governantes, escutem! Cantarei ao Senhor, cantarei; comporei músicas ao Senhor, ao Deus de Israel. Juízes 5:3

10. BUSQUE A PAZ E A PROSPERIDADE DE JERUSALÉM!

Busquem a prosperidade da cidade para a qual eu os deportei e orem ao Senhor em favor dela, porque a prosperidade de vocês depende da prosperidade dela. Jeremias 29:7

11. QUE TEUS LÍDERES GOVERNEM NO TEMOR DE DEUS.

O Deus de Israel falou, a Rocha de Israel me disse: Quem governa o povo com justiça, quem o governa com o temor de Deus. 2 Samuel 23:3

12. DIGA OS ATOS JUSTOS DE DEUS.

Mais alto que a voz dos que distribuem água junto aos bebedouros, recitem -se os justos feitos do Senhor, os justos feitos em favor dos camponeses de Israel. Então o povo do Senhor desceu às portas. Juízes 5:11

13. QUE TEUS INIMIGOS PEREÇAM, JERUSALÉM!

Assim pereçam todos os teus inimigos, ó Senhor! Juízes 5:31

14. ABENÇOADOS SEJAM OS QUE AMAM O SENHOR.

Mas os que te amam sejam como o sol quando se levanta na sua força. E a terra teve paz durante quarenta anos. Juízes 5:31

15. QUE O SENHOR SEJA CONTIGO E TE ABENÇOE.

Naquele exato momento, Boaz chegou de Belém e saudou os ceifeiros: "O Senhor esteja com vocês!" Eles responderam: "O Senhor te abençoe!" Rute 2:4

16. QUE O SENHOR RENOVE TUA VIDA E TE SUSTENTE.

O menino lhe dará nova vida e a sustentará na velhice, pois é filho da sua nora, que a ama e que lhe é melhor do que sete filhos! Rute 4:15

Oração
pela população
Árabe
de Jerusalém

17. ELE GUARDARÁ OS PÉS DOS SEUS SANTOS.
Ele guardará os pés dos seus santos, mas os ímpios serão silenciados nas trevas, pois não é pela força que o homem prevalece. 1 Samuel 2:9

18. QUE O SENHOR SEJA TUA ROCHA, FORTALEZA E LIBERTADOR
O Senhor é a minha rocha, a minha fortaleza e o meu libertador.
2 Samuel 22:2

19. QUE DEUS SEJA TEU SALVADOR.
o meu Deus é a minha rocha, em que me refugio; o meu escudo e o meu poderoso salvador. Ele é a minha torre alta, o meu abrigo seguro. És o meu salvador, que me salva dos violentos. 2 Samuel 22:3

20. QUE O JUSTO PROSPERE PARA QUE JERUSALÉM EXULTE
Quando os justos prosperam, a cidade exulta; quando os ímpios perecem, há cantos de alegria. Provérbios 11:10

21. QUE O SENHOR ERGA OS POBRES E NECESSITADOS
Levanta do pó o necessitado e, do monte de cinzas ergue o pobre; ele os faz sentarem-se com príncipes e lhes dá lugar de honra. Pois os alicerces da terra são do Senhor; sobre eles estabeleceu o mundo. 1 Samuel 2:8

22. MOSTRA-TE MISERICORDIOSO A JERUSALÉM, SENHOR.
Ao fiel te revelas fiel, ao irrepreensível te revelas irrepreensível.
2 Samuel 22:26

23. QUE DEUS TRANSFORME TUA ESCURIDÃO EM LUZ.
Tu és a minha lâmpada, ó Senhor! O Senhor ilumina-me as trevas.
2 Samuel 22:29

24. QUE O SENHOR TE ARME DE FORÇA.
É Deus quem me reveste de força e torna perfeito o meu caminho.
2 Samuel 22:33

25. QUE O SENHOR TREINE TUAS MÃOS À BATALHA.
É ele que treina as minhas mãos para a batalha, e assim os meus braços vergam o arco de bronze. 2 Samuel 22:35

26. QUE O SENHOR TE RESGATE.
Livrou-me do meu inimigo poderoso, dos meus adversários, que eram fortes demais para mim. 2 Samuel 22:18

27. QUE JERUSALÉM SEJA UM LUGAR SEGURO PARA VIVER.
Durante a vida de Salomão, Judá e Israel viveram em segurança, cada homem debaixo da sua videira e da sua figueira, desde Dã até Berseba. 1 Reis 4:25

28. QUE OS OLHOS DO SENHOR ESTEJAM SEMPRE SOBRE TI.
O Senhor lhe disse: Ouvi a oração e a súplica que você fez diante de mim; consagrei este templo que você construiu, para que nele habite o meu nome para sempre. Os meus olhos e o meu coração nele sempre estarão. 1 Reis 9:3

29. BENDITA SEJA A CIDADE CUJO DEUS É O SENHOR.
Como é feliz a nação que tem o Senhor como Deus, o povo que ele escolheu para lhe pertencer! Salmos 33:12

רחוב הִלֵּל

شارع هيلل

HILLEL ST.

ANOTAÇÕES

MARÇO

Porta Dourada com túmulos muçulmanos

E a lua se envergonhará,
e o sol se confundirá quando o Senhor
dos Exércitos reinar no monte Sião
e em Jerusalém,
e perante os seus anciãos gloriosamente.
Isaías 24:23

Feriados Judaicos em março

Purim - Ester 9:22-24: Como os dias em que os judeus tiveram repouso dos seus inimigos, e o mês que se lhes mudou de tristeza em alegria, e de luto em dia de festa, para que os fizessem dias de banquetes e de alegria, e de mandarem presentes uns aos outros, e dádivas aos pobres. E os judeus encarregaram-se de fazer o que já tinham começado, como também o que Mardoqueu lhes tinha escrito. Porque Hamã, filho de Hamedata, o agagita, inimigo de todos os judeus, tinha intentado destruir os judeus, e tinha lançado pur, isto é, a sorte, para os assolar e destruir.

MARÇO

1. ORE PELA PAZ DE JERUSALÉM.
Orem pela paz de Jerusalém: "Vivam em segurança aqueles que te amam!
Salmos 122:6

**2. QUE DEUS DERRAME SEU ESPÍRITO DE GRAÇA E SÚPLICA SOBRE OS QUE
CREEM.**
E derramarei sobre a família de Davi e sobre os habitantes de Jerusalém um
espírito de ação de graças e de súplicas. Olharão para mim, aquele a quem
traspassaram, e chorarão por ele como quem chora a perda de um filho
único, e lamentarão amargamente por ele como quem lamenta a perda do
filho mais velho. Zacarias 12:10

3. LIBERTE JERUSALÉM DE SEUS INIMIGOS, SENHOR!
Agora, Senhor nosso Deus, salva-nos das mãos dele, para que todos os
reinos da terra saibam que só tu, Senhor, és Deus. 2 Reis 19:19

4. QUE DEUS DEFENDA A CIDADE.
Eu a defenderei e a salvarei, por amor de mim mesmo e do meu servo Davi.
2 Reis 19:34

5. QUE AS PESSOAS SEJAM ABENÇOADAS NO NOME DO SENHOR.
Após oferecer os holocaustos e os sacrifícios de comunhão, Davi abençoou
o povo em nome do Senhor. 1 Crônicas 16:2

6. QUE OS QUE TE PROCURAM, ALEGREM-SE.
Gloriem-se no seu santo nome; alegrem-se os corações dos que buscam o
Senhor. 1 Crônicas 16:10

7. QUE JERUSALÉM OLHA PARA DEUS.
Olhem para o Senhor e para a sua força; busquem sempre a sua face.
1 Crônicas 16:11

8. QUE SEJAS LOUVADO E TEMIDO, SENHOR.
Pois o Senhor é grande e muitíssimo digno de louvor; ele deve ser mais temido que todos os deuses. 1 Crônicas 16:25

9. QUE DEUS SEJA TEU PAI.
Eu serei seu pai, e ele será meu filho. Nunca retirarei dele o meu amor, como retirei de Saul. 1 Crônicas 17:13

10. BUSQUE A PAZ E PROSPERIDADE DE JERUSALÉM.
Busquem a prosperidade da cidade para a qual eu os deportei e orem ao Senhor em favor dela, porque a prosperidade de vocês depende da prosperidade dela. Jeremias 29:7

11. QUE MUITOS TRABALHEM PELO BEM DE JERUSALÉM E DEFENDAM SEUS CIDADÃOS.
O judeu Mardoqueu foi o segundo na hierarquia, depois do rei Xerxes. Era homem importante entre os judeus e foi muito amado por todos os judeus, pois trabalhou para o bem do seu povo e promoveu o bem-estar de todos eles. Ester 10:3

12. QUE DEUS NUNCA RETIRE SEU AMOR DE TI.
Eu serei seu pai, e ele será meu filho. Nunca retirarei dele o meu amor, como retirei de Saul. 1 Crônicas 17:13

13. QUE OS QUE O PROCURAM, ENCONTREM-NO.
E você, meu filho Salomão, reconheça o Deus de seu pai, e sirva-o de todo o coração e espontaneamente, pois o Senhor sonda todos os corações e conhece a motivação dos pensamentos. Se você o buscar, o encontrará, mas, se você o abandonar, ele o rejeitará para sempre. 1 Crônicas 28:9

14. ABENÇOADOS SEJAM OS SACERDOTES (Cohanim) E OS CRENTES DE JERUSALÉM.
Agora, levanta-te, ó Senhor, ó Deus, e vem para o teu lugar de descanso, tu e a arca do teu poder. Estejam os teus sacerdotes vestidos de salvação, ó Senhor, ó Deus; que os teus santos se regozijem em tua bondade.
2 Crônicas 6:41

15. ABENÇOE OS QUE SÃO TOTALMENTE COMPROMETIDOS A TI.

Pois os olhos do Senhor estão atentos sobre toda a terra para fortalecer aqueles que lhe dedicam totalmente o coração. Nisso você cometeu uma loucura. De agora em diante terás que enfrentar guerras. 2 Crônicas 16:9

16. QUE JERUSALÉM TE BUSQUE, Ó SENHOR.

Reuniu-se, pois, o povo, vindo de todas as cidades de Judá para buscar a ajuda do Senhor. 2 Crônicas 20:4

17. QUE A MÃO DE DEUS SEJA SOBRE TI.

E que, por sua bondade, levou o rei, os seus conselheiros e todos os seus altos oficiais. Como a mão do Senhor meu Deus esteve sobre mim, tomei coragem e reuni alguns líderes de Israel para me acompanharem. Esdras 7:28

18. QUE DEUS TE DÊ LUZ E REFRIGÉRIO.

Mas agora, por um breve momento, o Senhor nosso Deus foi misericordioso, deixando-nos um remanescente e dando-nos um lugar seguro em seu santuário, e dessa maneira o nosso Deus ilumina os nossos olhos e nos dá um pequeno alívio em nossa escravidão. Esdras 9:8

19. QUE DEUS SEJA MISERICORDIOSO.

Então ordenei aos levitas que se purificassem e fossem vigiar as portas a fim de que o dia de sábado fosse respeitado como sagrado. Lembra-te de mim também por isso, ó meu Deus, e tenha misericórdia de mim conforme o teu grande amor. Neemias 13:22

20. QUE O JUSTO PROSPERE PARA QUE JERUSALÉM EXULTE

Quando os justos prosperam, a cidade exulta; quando os ímpios perecem, há cantos de alegria. Provérbios 11:10

21. QUE OS JUSTOS SE PREOCUPEM COM A JUSTIÇA AOS POBRES.

Os justos levam em conta os direitos dos pobres, mas os ímpios nem se importam com isso. Provérbios 29:7

22. QUE SEJAS PURO E DIREITO.
se você for íntegro e puro, ele se levantará agora mesmo em seu favor e o restabelecerá no lugar que por justiça cabe a você. Jó 8:6

23. QUE TEU FUTURO SEJA PRÓSPERO.
O seu começo parecerá modesto, mas o seu futuro será de grande prosperidade. Jó 8:7

24. QUE TUA BOCA SE ENCHA DE RISOS.
Mas, quanto a você, ele encherá de riso a sua boca e de brados de alegria os seus lábios. Jó 8:21

25. QUE TENHAS MUITOS INTERCESSORES COMO AMIGOS.
O meu intercessor é meu amigo, quando diante de Deus correm lágrimas dos meus olhos; Jó 16:20

26. QUE O SOPRO DO TODO PODEROSO TE DÊ VIDA.
O Espírito de Deus me fez; o sopro do Todo-poderoso me dá vida. Jó 33:4

27. QUE TE DELEITES NA LEI DO SENHOR.
Sua satisfação está na lei do Senhor, e nessa lei medita dia e noite. Salmos 1:2

28. QUE O DEUS NAS ALTURAS SEJA TUA DEFESA.
O meu escudo está nas mãos de Deus, que salva o reto de coração. Salmos 7:10

29. QUE O SENHOR TE SALVE E TE DEFENDA.
Que o Senhor te responda no tempo da angústia; o nome do Deus de Jacó te proteja! Salmos 20:1

30. BENDITA É A CIDADE CUJO DEUS É O SENHOR.
Como é feliz a nação que tem o Senhor como Deus, o povo que ele escolheu para lhe pertencer! Salmos 33:12

31. QUE O NOME DA CIDADE SEJA: O SENHOR ESTÁ AQUI

E daquele momento em diante, o nome da cidade será: O SENHOR ESTÁ AQUI. Ezequiel 48:35

• •

ANOTAÇÕES

ABRIL

Parque Arqueológico e Monte das Oliveiras com túmulos judeus

Porque o povo habitará em Sião, em Jerusalém; não chorarás mais; certamente se compadecerá de ti, à voz do teu clamor e, ouvindo-a, te responderá.
Isaías 30:19

Feriados Judaicos em abril

Levíticos 23:4-6: Estas são as solenidades do Senhor, as santas convocações, que convocareis ao seu tempo determinado: No mês primeiro, aos catorze do mês, pela tarde, é a páscoa do Senhor. E aos quinze dias deste mês é a festa dos pães ázimos do Senhor; sete dias comereis pães ázimos.

ABRIL

1. ORE PELA PAZ DE JERUSALÉM.
Orem pela paz de Jerusalém: "Vivam em segurança aqueles que te amam!
Salmos 122:6

2. QUE OS QUE CREEM SEJAM UNIDOS.
Eu neles, e tu em mim, para que eles sejam perfeitos em unidade, e para
que o mundo conheça que tu me enviaste a mim, e que os tens amado a
eles como me tens amado a mim. João 17:23

3. QUE DEUS REALIZE OS DESEJOS DE TEU CORAÇÃO.
Conceda-te conforme ao teu coração, e cumpra todo o teu plano.
Salmos 20:4

4. QUE O SENHOR SEJA TEU PASTOR.
O SENHOR é o meu pastor, nada me faltará. Deitar-me faz em verdes pastos,
guia-me mansamente a águas tranqüilas. Refrigera a minha alma; guia-me
pelas veredas da justiça, por amor do seu nome. Salmos 23:1-3

5. QUE TENHAS MÃOS LIMPAS E CORAÇÃO PURO.
Aquele que é limpo de mãos e puro de coração, que não entrega a sua alma
à vaidade, nem jura enganosamente. Este receberá a bênção do Senhor e a
justiça do Deus da sua salvação. Salmos 24:4-5

6. Ó SENHOR, SEJA GRACIOSO À CIDADE.
Olha para mim, e tem piedade de mim, porque estou solitário e aflito.
Salmos 25:16

7. NÃO TEMAS, JERUSALÉM!
O SENHOR é a minha luz e a minha salvação; a quem temerei? O SENHOR é a
força da minha vida; de quem me recearei? Salmos 27:1

8. QUE DEUS TE GUIE EM CAMINHOS RETOS.
Ensina-me, Senhor, o teu caminho, e guia-me pela vereda direita, por causa
dos meus inimigos. Salmos 27:11

9. ABENÇOE TEU POVO, DEUS, E OS DÊ FORÇA.
O Senhor dará força ao seu povo; o Senhor abençoará o seu povo com paz.
Salmos 29:11

10. BUSQUE A PAZ E PROSPERIDADE DE JERUSALÉM.
Busquem a prosperidade da cidade para a qual eu os deportei e orem ao
Senhor em favor dela, porque a prosperidade de vocês depende da
prosperidade dela. Jeremias 29:7

11. QUE OS GOVERNANTES DISTINGAM ENTRE CERTO E ERRADO.
A teu servo, pois, dá um coração entendido para julgar a teu povo, para que
prudentemente discirna entre o bem e o mal; porque quem poderia julgar a
este teu tão grande povo? 1 Reis 3:9

12. QUE DEUS SEJA TEU LIBERTADOR
Tu és o lugar em que me escondo; tu me preservas da angústia; tu me
cinges de alegres cantos de livramento. (Selá.) Salmos 32:7

13. ABENÇOA OS MANSOS, SENHOR.
Mas os mansos herdarão a terra, e se deleitarão na abundância de paz.
Salmos 37:11

14. QUE JERUSALÉM ACREDITE NO SENHOR.
Bem-aventurado o homem que põe no Senhor a sua confiança, e que não
respeita os soberbos nem os que se desviam para a mentira. Salmos 40:4

15. UM RIO QUE FAÇA A CIDADE DE DEUS FELIZ.
Há um rio cujas correntes alegram a cidade de Deus, o santuário das
moradas do Altíssimo. Salmos 46:4

16. QUE O SENHOR TE ABENÇOE, JERUSALÉM!
Deus tenha misericórdia de nós e nos abençoe; e faça resplandecer o seu
rosto sobre nós (Selá.) Salmos 67:1

17. ABENÇOE AQUELES CUJA FORÇA ESTÁ EM TI.
Bem-aventurado o homem cuja força está em ti, em cujo coração estão os
caminhos aplanados. Salmos 84:5

18. MOSTRA À CIDADE TEU AMOR INFALÍVEL.
Mostra-nos, Senhor, a tua misericórdia, e concede-nos a tua salvação.
Salmos 85:7

19. ABENÇOE AQUELES QUE TE PROCURAM.
Bem-aventurados os que guardam os seus testemunhos, e que o buscam
com todo o coração. Salmos 119:2

20. QUE O JUSTO PROSPERE PARA QUE JERUSALÉM EXULTE
Quando os justos prosperam, a cidade exulta; quando os ímpios perecem,
há cantos de alegria. Provérbios 11:10

21. ABENÇOE AQUELES QUE LEMBRAM DOS POBRES.
Bem-aventurado é aquele que atende ao pobre; o SENHOR o livrará no dia
do mal. Salmos 41:1

22. QUE O SENHOR FAÇA GRANDES COISAS.
Grandes coisas fez o Senhor por nós, pelas quais estamos alegres.
Salmos 126:3

23. QUE OS VIGIAS NÃO GUARDEM EM VÃO.
Se o SENHOR não edificar a casa, em vão trabalham os que a edificam; se o
SENHOR não guardar a cidade, em vão vigia a sentinela. Salmos 127:1

24 . QUE JERUSALÉM VIVA EM UNIDADE.
Oh! quão bom e quão suave é que os irmãos vivam em união. Salmos 133:1

25. QUE JERUSALÉM SAIBA QUE O SENHOR É MAIOR QUE TODOS OS
DEUSES.
Porque eu conheço que o Senhor é grande e que o nosso Senhor está acima
de todos os deuses. Salmos 135:5

26. QUE DEUS CUMPRA SEUS PROPÓSITOS CONTIGO.
O Senhor aperfeiçoará o que me toca; a tua benignidade, ó Senhor, dura
para sempre; não desampares as obras das tuas mãos. Salmos 138:8

27. QUE DEUS TENHA COMPAIXÃO DE TI.
O Senhor é bom para todos, e as suas misericórdias são sobre todas as suas obras. Salmos 145:9

28. LOUVE AO SENHOR, JERUSALÉM.
Estejam na sua garganta os altos louvores de Deus, e espada de dois fios nas suas mãos. Salmos 149:6

29. QUE TODO FÔLEGO LOUVE AO SENHOR.
Tudo quanto tem fôlego louve ao Senhor. Louvai ao Senhor. Salmos 150:6

30. BENDITA É A CIDADE CUJO DEUS É O SENHOR.
Como é feliz a nação que tem o Senhor como Deus, o povo que ele escolheu para lhe pertencer! Salmos 33:12

ANOTAÇÕES

MAIO

Mas Judá será habitada
para sempre, e Jerusalém de
geração em geração.
E purificarei o sangue dos que eu
não tinha purificado; porque o
Senhor habitará em Sião.
Joel 3:20-21

Feriados Judaicos em maio

Levíticos 23:9-11; 15,16: E falou o Senhor a Moisés, dizendo: Fala aos filhos de Israel, e dize-lhes: Quando houverdes entrado na terra, que vos hei de dar, e fizerdes a sua colheita, então trareis um molho das primícias da vossa sega ao sacerdote; E ele moverá o molho perante o Senhor, para que sejais aceitos; no dia seguinte ao sábado o sacerdote o moverá. Depois para vós contareis desde o dia seguinte ao sábado, desde o dia em que trouxerdes o molho da oferta movida; sete semanas inteiras serão. Até ao dia seguinte ao sétimo sábado, contareis cinqüenta dias; então oferecereis nova oferta de alimentos ao SENHOR.

MAIO

1. ORE PELA PAZ DE JERUSALÉM.
Orem pela paz de Jerusalém: "Vivam em segurança aqueles que te amam!
Salmos 122:6

2. QUE OS QUE CREEM DESFRUTEM DO FAVOR DE TODOS OS POVOS.
Louvando a Deus, e caindo na graça de todo o povo. E todos os dias
acrescentava o Senhor à igreja aqueles que se haviam de salvar. Atos 2:47

3. QUE TENHAS MODÉSTIA E ENTENDIMENTO.
O bom siso te guardará e a inteligência te conservará. Provérbios 2:11

4. TENHA MISERICÓRDIA E SIGA A VERDADE.
Não te desamparem a benignidade e a fidelidade; ata-as ao teu pescoço;
escreve-as na tábua do teu coração. Provérbios 3:3

5. QUE O SENHOR TE GUARDE.
Porque o Senhor será a tua esperança; guardará os teus pés de serem
capturados. Provérbios 3:26

6. TEMA O SENHOR.
O temor do Senhor é o princípio da sabedoria, e o conhecimento do Santo
a prudência. Provérbios 9:10

7. SENHOR, LEMBRA-TE DA JUSTIÇA.
O Senhor não deixa o justo passar fome, mas rechaça a aspiração dos
perversos.Provérbios 10:3

8. QUE O SENHOR ABENÇOE OS JUSTOS.
Bênçãos há sobre a cabeça do justo, mas a violência cobre a boca dos
perversos. Provérbios. 10:6

9. QUE O SENHOR SEJA REFÚGIO AOS JUSTOS.
O caminho do Senhor é fortaleza para os retos, mas ruína para os que
praticam a iniqüidade. Provérbios 10:29

10. BUSQUE A PAZ E PROSPERIDADE DE JERUSALÉM.
Busquem a prosperidade da cidade para a qual eu os deportei e orem ao Senhor em favor dela, porque a prosperidade de vocês depende da prosperidade dela. Jeremias 29:7

11. QUE DEUS DÊ AOS GOVERNANTES RETIDÃO JUSTIÇA.
Ó Deus, dá ao rei os teus juízos, e a tua justiça ao filho do rei. Salmos 72:1

12. QUE TODOS O TEMAM, SENHOR.
O temor do Senhor é fonte de vida, para desviar dos laços da morte. Provérbios 14:27

13. ABENÇOE AQUELES QUE BUSCAM RETIDÃO.
O caminho do ímpio é abominável ao Senhor, mas ao que segue a justiça ele ama. Provérbios 15:9

14. ABENÇOE OS QUE CONFIAM EM TI, SENHOR.
O que atenta prudentemente para o assunto achará o bem, e o que confia no Senhor será bem-aventurado. Provérbios 16:20

15. QUE OS JUSTOS CORRAM A DEUS.
Torre forte é o nome do Senhor; a ela correrá o justo, e estará em alto refúgio. Provérbios 18:10

16. QUE JERUSALÉM TEMA O SENHOR.
O temor do Senhor encaminha para a vida; aquele que o tem ficará satisfeito, e não o visitará mal nenhum. Provérbios 19:23

17. QUE A JUSTIÇA SEJA FEITA EM JERUSALÉM.
O fazer justiça é alegria para o justo, mas destruição para os que praticam a iniqüidade. Provérbios 21:15

18. QUE JERUSALÉM CONHEÇA HUMILDADE E TEMOR DO SENHOR.
O galardão da humildade e o temor do Senhor são riquezas, honra e vida. Provérbios 22:4

19. QUE OS CULPADOS SEJAM CONDENADOS.
Mas para os que o repreenderem haverá delícias, e sobre eles virá a bênção do bem. Provérbios 24:25

20. QUE O JUSTO PROSPERE PARA QUE JERUSALÉM EXULTE
Quando os justos prosperam, a cidade exulta; quando os ímpios perecem, há cantos de alegria. Provérbios 11:10

21. CLAME PELOS DIREITOS DO NECESSITADO.
Abre a tua boca a favor do mudo, pela causa de todos que são designados à destruição. Provérbios 31:8

22. QUE JERUSALÉM CONFIE NO SENHOR.
O orgulhoso de coração levanta contendas, mas o que confia no Senhor prosperará. Provérbios 28:25

23. QUE DEUS SEJA TEU ESCUDO.
Toda a Palavra de Deus é pura; escudo é para os que confiam nele. Provérbios 30:5

24. QUE OS SÁBIOS SALVEM A CIDADE COM SEU CONHECIMENTO.
E encontrou-se nela um sábio pobre, que livrou aquela cidade pela sua sabedoria, e ninguém se lembrava daquele pobre homem. Eclesiastes 9:15

25. QUE JERUSALÉM CONHEÇA A SABEDORIA.
Tão boa é a sabedoria como a herança, e dela tiram proveito os que vêem o sol. Eclesiastes 7:11

26. QUE OS JOVENS DA CIDADE CONHEÇAM SEU CRIADOR.
Lembra-te também do teu Criador nos dias da tua mocidade, antes que venham os maus dias, e cheguem os anos dos quais venhas a dizer: Não tenho neles contentamento. Eclesiastes 12:1

27. QUE JERUSALÉM SEJA DE AROMA AGRADÁVEL.
Suave é o aroma dos teus ungüentos; como o ungüento derramado é o teu nome; por isso as virgens te amam. Cânticos 1:3

Zechor – Lembre-se!

Yom haShoah honra a memória dos 4.5 milhões e adultos e 1.5 milhões de crianças que foram mortas pelos nazistas e seus aliados.

Yad Vashem Memorial do Holocausto — o fim do túnel.

Esquecer significa morrer – lembrar, viver!

Milhares de soldados abatidos no cemitério do IDF no Monte Herzl.

28. QUE JERUSALÉM SEJA COMO MACIEIRA ENTRE OUTRAS ÁRVORES.
Qual a macieira entre as árvores do bosque, tal é o meu amado entre os filhos; desejo muito a sua sombra, e debaixo dela me assento; e o seu fruto é doce ao meu paladar. Cânticos 2:3

29. QUÃO BELA ÉS, Ó CIDADE DO SENHOR.
Eis que és formosa, meu amor, eis que és formosa; os teus olhos são como os das pombas entre as tuas tranças; o teu cabelo é como o rebanho de cabras que pastam no monte de Gileade. Cânticos 4:1

30. BENDITA É A CIDADE CUJO DEUS É O SENHOR.
Como é feliz a nação que tem o Senhor como Deus, o povo que ele escolheu para lhe pertencer! Salmos 33:12

31. QUE O NOME DA CIDADE SEJA: O SENHOR ESTÁ AQUI
E daquele momento em diante, o nome da cidade será: O SENHOR ESTÁ AQUI. Ezequiel 48:35

ANOTAÇÕES

JUNHO

Vista do Monte Scopus em direção à cidade antiga

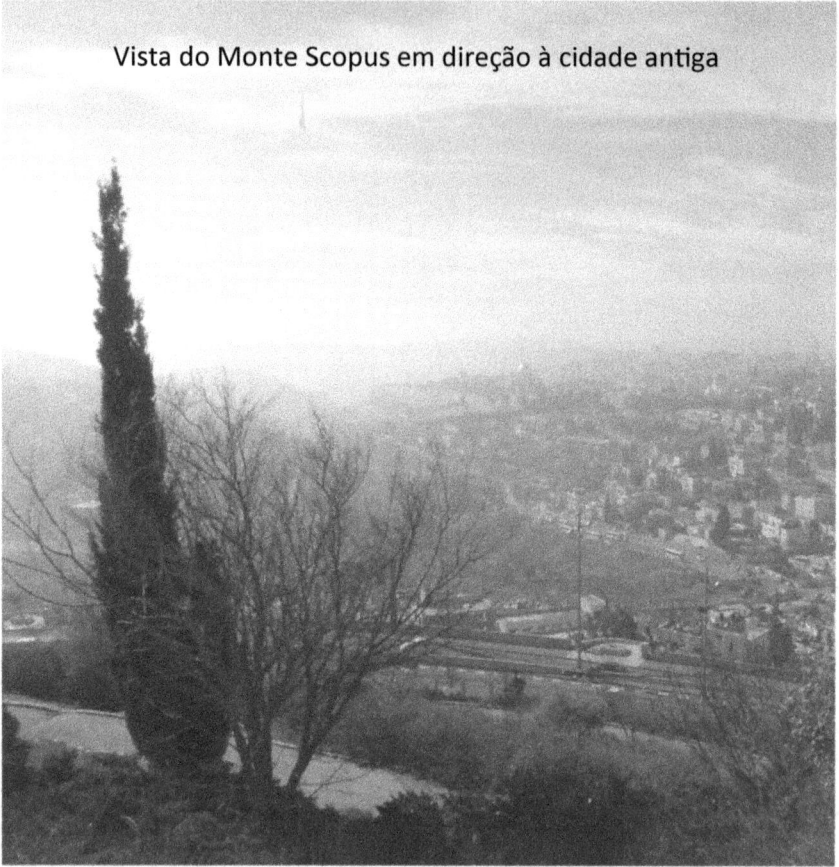

Porque o Senhor escolheu a Sião;
desejou-a para a sua habitação.
Salmos 132:13

JUNHO

1. ORE PELA PAZ DE JERUSALÉM.
Orem pela paz de Jerusalém: "Vivam em segurança aqueles que te amam!
Salmos 122:6

2. QUE OS CRENTES PERMANEÇAM FIRMES EM SUA FÉ.
Entretanto a cabeça de Efraim será Samaria, e a cabeça de Samaria o filho
de Remalias; se não o crerdes, certamente não haveis de permanecer.
Isaías 7:9

3. QUE SEJAS CHAMADA: CIDADE FIÉL E DE JUSTIÇA.
E te restituirei os teus juízes, como foram dantes; e os teus conselheiros,
como antigamente; e então te chamarão cidade de justiça, cidade fiel.
Isaías 1:26

4. QUE OS RETOS DESFRUTEM DE SUAS OBRAS.
Dizei ao justo que bem lhe irá; porque comerão do fruto das suas obras.
Isaías 3:10

5. QUE AQUELES QUE ANDAM EM ESCURIDÃO VEJAM A LUZ.
O povo que andava em trevas, viu uma grande luz, e sobre os que
habitavam na região da sombra da morte resplandeceu a luz. Isaías 9:2

6. QUE O SENHOR TE LIBERTE DO OPRESSOR.
Porque tu quebraste o jugo da sua carga, e o bordão do seu ombro, e a
vara do seu opressor, como no dia dos midianitas. Isaías 9:4

7. QUE O SENHOR SEJA TUA SALVAÇÃO.
Eis que Deus é a minha salvação; nele confiarei, e não temerei, porque o
SENHOR DEUS é a minha força e o meu cântico, e se tornou a minha
salvação. Isaías 12:2

8. QUE TIRES ÁGUA DAS FONTES DA SALVAÇÃO.
E vós com alegria tirareis águas das fontes da salvação. Isaías 12:3

9. QUE TODOS OLHEM PARA O SANTO DE ISRAEL.
Naquele dia atentará o homem para o seu Criador, e os seus olhos olharão para o Santo de Israel. Isaías 17:7

10. BUSQUE A PAZ E PROSPERIDADE DE JERUSALÉM.
Busquem a prosperidade da cidade para a qual eu os deportei e orem ao Senhor em favor dela, porque a prosperidade de vocês depende da prosperidade dela. Jeremias 29:7

11. QUE OS GOVERNANTES DE JERUSALÉM TRAGAM ESTABILIDADE PELA JUSTIÇA.
O rei com juízo sustém a terra, mas o amigo de peitas a transtorna. Provérbios 29:4

12. QUE DEUS SEJA TUA FONTE DE FORÇA.
E por espírito de juízo, para o que se assenta a julgar, e por fortaleza para os que fazem recuar a peleja até à porta. Isaías 28:6

13. QUE AJAS RETA E JUSTAMENTE.
E regrarei o juízo pela linha, e a justiça pelo prumo, e a saraiva varrerá o refúgio da mentira, e as águas cobrirão o esconderijo. Isaías 28:17

14. ARREPENDE-TE, DESCANSA E CONFIA, Ó JERUSALÉM!
Porque assim diz o Senhor DEUS, o Santo de Israel: Voltando e descansando sereis salvos; no sossego e na confiança estaria a vossa força, mas não quisestes. Isaías 30:15

15. QUE O SENHOR SEJA GRACIOSO E TE MOSTRE MISERICÓRDIA.
Por isso, o Senhor esperará, para ter misericórdia de vós; e por isso se levantará, para se compadecer de vós, porque o Senhor é um Deus de eqüidade; bem-aventurados todos os que nele esperam. Isaías 30:18

16. QUE JERUSALÉM ANSEIE PELO SENHOR.
Porque o Senhor é um Deus de eqüidade; bem-aventurados todos os que nele esperam. Isaías 30:18

17. QUE O SENHOR SEJA TUA SALVAÇÃO
Senhor, tem misericórdia de nós, por ti temos esperado; sê tu o nosso braço cada manhã, como também a nossa salvação no tempo da tribulação. Isaías 33:2

18. QUE O SENHOR SEJA TEU FUNDAMENTO ESTÁVEL.
E haverá estabilidade nos teus tempos, abundância de salvação, sabedoria e conhecimento. Isaías 33:6

19. QUE A CIDADE SEJA ABENÇOADA COM O TEMOR DO SENHOR.
O temor do Senhor será o seu tesouro. Isaías 33:6

20. QUE O JUSTO PROSPERE PARA QUE JERUSALÉM EXULTE
Quando os justos prosperam, a cidade exulta; quando os ímpios perecem, há cantos de alegria. Provérbios 11:10

21. CLAMA E JULGA RETAMENTE; DEFENDE OS DIREITOS DOS POBRES E NECESSITADOS.
Abre a tua boca; julga retamente; e faze justiça aos pobres e aos necessitados. Provérbios 31:9

22. QUE MUITOS ANDEM NO CAMINHO DE RETIDÃO.
E ali haverá uma estrada, um caminho, que se chamará o caminho santo; o imundo não passará por ele, mas será para aqueles; os caminhantes, até mesmo os loucos, não errarão. Isaías 35:8

23. NÃO TEMAS, Ó JERUSALÉM.
Não temas, porque eu sou contigo; não te assombres, porque eu sou teu Deus; eu te fortaleço, e te ajudo, e te sustento com a destra da minha justiça. Isaías 41:10

24. QUE O SENHOR SUSTENTE SEU POVO.
Porque derramarei água sobre o sedento, e rios sobre a terra seca; derramarei o meu Espírito sobre a tua posteridade, e a minha bênção sobre os teus descendentes. Isaías 44:3

25. QUE O SENHOR VÁ DIANTE DE TI E NIVELE AS MONTANHAS.
Eu irei adiante de ti, e endireitarei os caminhos tortuosos. Isaías 45:2

26. QUE DEUS DESTRUA AS PORTAS DE BRONZE.
Quebrarei as portas de bronze, e despedaçarei os ferrolhos de ferro.
Isaías 45:2

27. QUE O SENHOR CONFORTE A CIDADE.
Clamai cantando, exultai juntamente, desertos de Jerusalém; porque o
Senhor consolou o seu povo, remiu a Jerusalém. Isaías 52:9

28. QUE TU ABENÇOES O ABATIDO DE ESPÍRITO.
Porque assim diz o Alto e o Sublime, que habita na eternidade, e cujo nome
é Santo: Num alto e santo lugar habito; como também com o contrito e
abatido de espírito, para vivificar o espírito dos abatidos, e para vivificar o
coração dos contritos. Isaías 57:15

29. QUE DEUS ESTENDA SUA PAZ COMO UM RIO.
Porque assim diz o Senhor: Eis que estenderei sobre ela a paz como um rio,
e a glória dos gentios como um ribeiro que transborda; então mamareis, ao
colo vos trarão, e sobre os joelhos vos afagarão. Isaías 66:12

30. BENDITA É A CIDADE CUJO DEUS É O SENHOR.
Como é feliz a nação que tem o Senhor como Deus, o povo que ele escolheu
para lhe pertencer! Salmos 33:12

Olhando em direção ao Vale de Josafat.

ANOTAÇÕES

JULHO

Cidade antiga, quarteirão armênio, em direção à Porta de Jafa.

Que se responderá, pois,
aos mensageiros da nação?
Que o Senhor fundou a Sião,
para que os opressos
do seu povo nela encontrem refúgio.
Isaías 14:32

JULHO

1. ORE PELA PAZ DE JERUSALÉM.
Orem pela paz de Jerusalém: "Vivam em segurança aqueles que te amam!
Salmos 122:6

2. QUE OS CRENTES SEJAM UM EM MENTE E CORAÇÃO.
E era um o coração e a alma da multidão dos que criam, e ninguém dizia que
coisa alguma do que possuía era sua própria, mas todas as coisas lhes eram
comuns.
Atos 4:32

3. QUE ANDES NOS CAMINHOS DO SENHOR.
Mas isto lhes ordenei, dizendo: Dai ouvidos à minha voz, e eu serei o vosso
Deus, e vós sereis o meu povo; e andai em todo o caminho que eu vos
mandar, para que vos vá bem. Jeremias 7:23

4. QUE HAJA TEMPO DE CURA.
Espera-se a paz, mas não há bem; o tempo da cura, e eis o terror.
Jeremias 8:15

5. QUE O SENHOR TE SALVE PARA UM BOM PROPÓSITO.
Disse o Senhor: De certo que o teu remanescente será para o bem; de certo,
no tempo da calamidade, e no tempo da angústia, farei que o inimigo te
dirija súplicas. Jeremias 15:11

6. QUE AS PALAVRAS DE DEUS SEJAM TUA ALEGRIA E DELEITE.
Achando-se as tuas palavras, logo as comi, e a tua palavra foi para mim o
gozo e alegria do meu coração; porque pelo teu nome sou chamado, ó
Senhor Deus dos Exércitos. Jeremias 15:16

7. QUE O SENHOR TE SALVE E TE RESGATE.
E eu te porei contra este povo como forte muro de bronze; e pelejarão
contra ti, mas não prevalecerão contra ti; porque eu sou contigo para te
guardar, para te livrar deles, diz o Senhor. Jeremias 15:20

8. QUE JERUSALÉM CONFIE NO SENHOR.
Bendito o homem que confia no Senhor, e cuja confiança é o Senhor.
Jeremias 17:7

9. QUE O SENHOR ESTEJA CONTIGO.
Mas o Senhor está comigo como um valente terrível; por isso tropeçarão os meus perseguidores, e não prevalecerão; ficarão muito confundidos; porque não se houveram prudentemente, terão uma confusão perpétua que nunca será esquecida. Jeremias 20:11

10. BUSQUE A PAZ E PROSPERIDADE DE JERUSALÉM.
Busquem a prosperidade da cidade para a qual eu os deportei e orem ao Senhor em favor dela, porque a prosperidade de vocês depende da prosperidade dela. Jeremias 29:7

11. QUE DEUS FAÇA DA PAZ TEU GOVERNADOR E DA RETIDÃO TEU COMANDANTE.
Por cobre trarei ouro, e por ferro trarei prata, e por madeira, bronze, e por pedras, ferro; e farei pacíficos os teus oficiais e justos os teus exatores.
Isaías 60:17

12. NADA É DIFÍCIL DEMAIS PARA TI, Ó SENHOR.
Eis que eu sou o Senhor, o Deus de toda a carne; acaso haveria alguma coisa demasiado difícil para mim? Jeremias 32:27

13. QUE O SENHOR SEJA TEU DEUS, Ó JERUSALÉM.
E eles serão o meu povo, e eu lhes serei o seu Deus; Jeremias 32:38

14. QUE TEU FUTURO SEJA CHEIO DE ESPERANÇA.
Porque eu bem sei os pensamentos que tenho a vosso respeito, diz o Senhor; pensamentos de paz, e não de mal, para vos dar o fim que esperais.
Jeremias 29:11

15. QUE O SENHOR SEJA TUA PORÇÃO.
A minha porção é o Senhor, diz a minha alma; portanto esperarei nele.
Lamentações 3:24

16. QUE TU PROCURES A DEUS.

Bom é o Senhor para os que esperam por ele, para a alma que o busca. Lamentações 3:25

17. QUE DEUS LIVRE OS CATIVOS.

Portanto assim diz o Senhor DEUS: Eis aí vou eu contra as vossas almofadas, com que vós ali caçais as almas fazendo-as voar, e as arrancarei de vossos braços, e soltarei as almas, sim, as almas que vós caçais fazendo-as voar. Ezequiel 13:20

18. QUE DEUS FAÇA TUA BELEZA COMPLETA.

E correu de ti a tua fama entre os gentios, por causa da tua formosura, pois era perfeita, por causa da minha glória que eu pusera em ti, diz o Senhor DEUS. Ezequiel 16:14

19. QUE TU CONHEÇAS A DEUS.

Porque eu estabelecerei a minha aliança contigo, e saberás que eu sou o Senhor; Ezequiel 16:62

20. QUE O JUSTO PROSPERE PARA QUE JERUSALÉM EXULTE

Quando os justos prosperam, a cidade exulta; quando os ímpios perecem, há cantos de alegria. Provérbios 11:10

21. LIVRA O NECESSITADO E O AFLITO.

Porque ele livrará ao necessitado quando clamar, como também ao aflito e ao que não tem quem o ajude. Salmos 72:12

22. QUE HAJA TORRENTES DE BENÇÃOS SOBRE A CIDADE.

E delas e dos lugares ao redor do meu outeiro, farei uma bênção; e farei descer a chuva a seu tempo; chuvas de bênção serão. Ezequiel 34:26

23. QUE DEUS TE RESGATE DOS ESCRAVIZADORES.

E as árvores do campo darão o seu fruto, e a terra dará a sua novidade, e estarão seguras na sua terra; e saberão que eu sou o Senhor, quando eu quebrar as ataduras do seu jugo e as livrar da mão dos que se serviam delas. Ezequiel 34:27

24. QUE DEUS TE OLHE COM FAVOR.
Porque eis que eu estou convosco, e eu me voltarei para vós, e sereis lavrados e semeados. Ezequiel 36:9

25. QUE NÃO SOFRAS MAIS DESGRAÇAS ENTRE AS NAÇÕES.
E multiplicarei o fruto das árvores, e a novidade do campo, para que nunca mais recebais o opróbrio da fome entre os gentios. Ezequiel 36:30

26. QUE O LUGAR DE REPOUSO DO SENHOR SEJA EM TI.
E o meu tabernáculo estará com eles, e eu serei o seu Deus e eles serão o meu povo. Ezequiel 37:27

27. QUE O TEU NOME SANTO SEJA CONHECIDO.
E farei conhecido o meu santo nome no meio do meu povo Israel, e nunca mais deixarei profanar o meu santo nome; e os gentios saberão que eu sou o Senhor, o Santo em Israel. Ezequiel 39:7

28. QUE O SENHOR TENHA COMPAIXÃO DA CIDADE.
Portanto assim diz o Senhor DEUS: Agora tornarei a trazer os cativos de Jacó, e me compadecerei de toda a casa de Israel; zelarei pelo meu santo nome.Ezequiel 39:25

29 . QUE DEUS CUIDE DE SUAS OVELHAS.
Porque assim diz o Senhor DEUS: Eis que eu, eu mesmo, procurarei pelas minhas ovelhas, e as buscarei. Ezequiel 34:11

30. BENDITA É A CIDADE CUJO DEUS É O SENHOR.
Como é feliz a nação que tem o Senhor como Deus, o povo que ele escolheu para lhe pertencer! Salmos 33:12

31. Que o nome da cidade seja: O SENHOR ESTÁ AQUI
E daquele momento em diante, o nome da cidade será: O SENHOR ESTÁ AQUI. Ezequiel 48:35

As muitas faces de Jerusalém

ANOTAÇÕES

AGOSTO

Porta Nova entrada ao quarteirão cristão

Desperta, desperta,
veste-te da tua fortaleza, ó Sião;
veste-te das tuas roupas formosas,
ó Jerusalém, cidade santa, porque nunca mais
entrará em ti nem incircunciso nem imundo.
Isaías 52:1

AGOSTO

1. ORE PELA PAZ DE JERUSALÉM.
Orem pela paz de Jerusalém: "Vivam em segurança aqueles que te amam!
Salmos 122:6

2. QUE OS QUE CREEM DESFRUTEM DE TEMPOS DE PAZ.
Assim, pois, as igrejas em toda a Judéia, e Galiléia e Samaria tinham paz, e
eram edificadas; e se multiplicavam, andando no temor do Senhor e
consolação do Espírito Santo. Atos 9:31

3. QUE PROSPERES GRANDEMENTE.
Nabucodonosor rei, a todos os povos, nações e línguas, que moram em
toda a terra: Paz vos seja multiplicada. Daniel 4:1

4. QUE DEUS TE RESGATE E TE SALVE.
Ele salva, livra, e opera sinais e maravilhas no céu e na terra; ele salvou e
livrou Daniel do poder dos leões. Daniel 6:27

5. Ó SENHOR, OLHE FAVORAVELMENTE A JERUSALÉM.
Agora, pois, ó Deus nosso, ouve a oração do teu servo, e as suas súplicas, e
sobre o teu santuário assolado faze resplandecer o teu rosto, por amor do
Senhor. Daniel 9:17

6. QUE TEUS SÁBIOS BRILHEM.
Os que forem sábios, pois, resplandecerão como o fulgor do firmamento.
Daniel 12:3

7. QUE OS QUE SÃO RETOS BRILHEM.
E os que a muitos ensinam a justiça, como as estrelas sempre e
eternamente. Daniel 12:3

8. QUE DEUS MOSTRE FAVOR E AMOR À CIDADE.
Mas da casa de Judá me compadecerei, e os salvarei pelo Senhor seu Deus,
pois não os salvarei pelo arco, nem pela espada, nem pela guerra, nem
pelos cavalos, nem pelos cavaleiros. Oséias 1:7

9. QUE DEUS FAÇA O VALE DE ACOR UMA PORTA DE ESPERANÇA.
E lhe darei as suas vinhas dali, e o vale de Acor, por porta de esperança; e ali cantará, como nos dias de sua mocidade, e como no dia em que subiu da terra do Egito. Oséias 2:15

10. BUSQUE A PAZ E PROSPERIDADE DE JERUSALÉM.
Busquem a prosperidade da cidade para a qual eu os deportei e orem ao Senhor em favor dela, porque a prosperidade de vocês depende da prosperidade dela. Jeremias 29:7

11. ORE PELO BEM ESTAR DO GOVERNADOR E DE SUA FAMÍLIA
Para que ofereçam sacrifícios de cheiro suave ao Deus dos céus, e orem pela vida do rei e de seus filhos. Esdras 6:10

12. QUE DEUS VENHA COMO A CHUVA DA PRIMAVERA.
Então conheçamos, e prossigamos em conhecer ao Senhor; a sua saída, como a alva, é certa; e ele a nós virá como a chuva, como chuva serôdia que rega a terra. Oséias 6:3

13. QUE DEUS TE GUIE COM LAÇOS DE BONDADE.
Atraí-os com cordas humanas, com laços de amor. Oséias 11:4

14. QUE DEUS SE IMPORTE CONTIGO.
fui para eles como os que tiram o jugo de sobre as suas queixadas, e lhes dei mantimento. Oséias 11:4

15. QUE TU EXPERIMENTES RETIDÃO, JUSTIÇA, BONDADE E MISERICÓRDIA.
E desposar-te-ei comigo para sempre; desposar-te-ei comigo em justiça, e em juízo, e em benignidade, e em misericórdias. Oséias 2:19

16. QUE DEUS DERRAME SEU ESPÍRITO SOBRE O POVO.
E há de ser que, depois derramarei o meu Espírito sobre toda a carne, e vossos filhos e vossas filhas profetizarão, os vossos velhos terão sonhos, os vossos jovens terão visões. Joel 2:28

17. QUE DEUS SEJA TEU REFÚGIO E FORTE.

E o Senhor bramará de Sião, e de Jerusalém fará ouvir a sua voz; e os céus e a terra tremerão, mas o Senhor será o refúgio do seu povo, e a fortaleza dos filhos de Israel. Joel 3:16

18. QUE DEUS DÊ DE BEBER À CIDADE.

E há de ser que, naquele dia, os montes destilarão mosto, e os outeiros manarão leite, e todos os rios de Judá estarão cheios de águas; e sairá uma fonte, da casa do Senhor, e regará o vale de Sitim. Joel 3:18

19. QUE DEUS HABITE NA CIDADE.

E purificarei o sangue dos que eu não tinha purificado; porque o Senhor habitará em Sião. Joel 3:21

20. QUE O JUSTO PROSPERE PARA QUE JERUSALÉM EXULTE

Quando os justos prosperam, a cidade exulta; quando os ímpios perecem, há cantos de alegria. Provérbios 11:10

21. POIS EM DEUS O ÓRFÃO ACHA COMPAIXÃO.

Não nos salvará a Assíria, não iremos montados em cavalos, e à obra das nossas mãos já não diremos mais: Tu és o nosso deus; porque por ti o órfão alcança misericórdia. Oséias 14:3

22. QUE A JUSTIÇA FLUA COMO UM RIO.

Corra, porém, o juízo como as águas, e a justiça como o ribeiro impetuoso. Amós 5:24

23. QUE DEUS RESTAURE A CIDADE.

Naquele dia tornarei a levantar o tabernáculo caído de Davi, e repararei as suas brechas, e tornarei a levantar as suas ruínas, e o edificarei como nos dias da antigüidade; Amós 9:11

24. QUE HAJA SALVAÇÃO E SANTIDADE NA CIDADE.

Mas no monte Sião haverá livramento, e ele será santo; e os da casa de Jacó possuirão as suas herdades. Obadias 1:17

25. QUE DEUS TIRE SUA VIDA DO ABISMO.
Eu desci até aos fundamentos dos montes; a terra me encerrou para sempre com os seus ferrolhos; mas tu fizeste subir a minha vida da perdição, ó Senhor meu Deus. Jonas 2:6

26. SALVAÇÃO VEM DO SENHOR.
Mas eu te oferecerei sacrifício com a voz do agradecimento; o que votei pagarei. Do Senhor vem a salvação. Jonas 2:9

27. QUE TEUS CAMINHOS SEJAM RETOS.
Ó vós que sois chamados casa de Jacó, porventura encurtou-se o Espírito do Senhor? São estas as suas obras? E não é assim que fazem bem as minhas palavras ao que anda retamente? Miquéias 2:7

28. QUE TEU POVO ANDE NOS CAMINHOS DE NOSSO SENHOR.
Porque todos os povos andam, cada um em nome do seu deus; mas nós andaremos em nome do Senhor nosso Deus, para todo o sempre. Miquéias 4:5

29. QUE DEUS SEJA TUA BONDADE.
E ele permanecerá, e apascentará ao povo na força do Senhor, na excelência do nome do Senhor seu Deus; e eles permanecerão, porque agora será engrandecido até aos fins da terra. E este será a nossa paz; Miquéias 5:4-5

30. BENDITA É A CIDADE CUJO DEUS É O SENHOR.
Como é feliz a nação que tem o Senhor como Deus, o povo que ele escolheu para lhe pertencer! Salmos 33:12

31. Que o nome da cidade seja: O SENHOR ESTÁ AQUI
E daquele momento em diante, o nome da cidade será: O SENHOR ESTÁ AQUI. Ezequiel 48:35

Faze o bem a Sião, segundo a tua boa vontade; edifica os muros de Jerusalém.
Salmos 51:18

ANOTAÇÕES

SETEMBRO

Tribunal de justiça, Jerusalém © Davka 1998

E irão muitas nações, e dirão:
"Vinde, e subamos ao monte do Senhor,
e à casa do Deus de Jacó,
para que nos ensine os seus caminhos",
e andemos pelas suas veredas;
porque de Sião sairá a lei,
e de Jerusalém a palavra do Senhor.
Miquéias 4:2

Feriados Judaicos em setembro
Levíticos 23:23-27: E falou o SENHOR a Moisés, dizendo: Fala aos filhos de Israel, dizendo: No mês sétimo, ao primeiro do mês, tereis descanso, memorial com sonido de trombetas, santa convocação. Nenhum trabalho servil fareis, mas oferecereis oferta queimada ao Senhor. Falou mais o Senhor a Moisés, dizendo: Mas aos dez dias desse sétimo mês será o dia da expiação; tereis santa convocação, e afligireis as vossas almas; e oferecereis oferta queimada ao Senhor.

SETEMBRO

1. ORE PELA PAZ DE JERUSALÉM.
Orem pela paz de Jerusalém: Vivam em segurança aqueles que te amam!
Salmos 122:6

2. QUE OS CRENTES ESPALHEM A FRAGRÂNCIA DE CRISTO.
Graças, porém, a Deus que em Cristo sempre nos conduz em triunfo, e por
meio de nós difunde em todo lugar o cheiro do seu conhecimento; 2
Coríntios 2:14

3. QUE DEUS CUIDE DE TI, Ó JERUSALÉM.
O Senhor é bom, uma fortaleza no dia da angústia; e conhece os que nele
confiam. Naum 1:7

4. QUE MUITOS VENHAM À CIDADE PROCLAMAR PAZ.
Eis sobre os montes os pés do que traz boas novas, do que anuncia a paz!
Celebra as tuas festas, ó Judá, cumpre os teus votos, porque o ímpio não
tornará mais a passar por ti; ele é inteiramente exterminado. Naum 1:15

5. QUE DEUS RESTAURE O ESPLENDOR DA CIDADE.
Pois o Senhor restaura a excelência de Jacó, qual a excelência de Israel;
porque os saqueadores os despojaram e destruíram os seus sarmentos.
Naum 2:2

6. QUE O JUSTO VIVA PELA FÉ.
Eis o soberbo! A sua alma não é reta nele; mas o justo pela sua fé viverá.
Habacuque 2:4

7. QUE JERUSALÉM SE ENCHA DO CONHECIMENTO DO SENHOR.
Pois a terra se encherá do conhecimento da glória do Senhor, como as
águas cobrem o mar. Habacuque 2:14

8. QUE DEUS SEJA TUA FORÇA.
O Senhor Deus é minha força, ele fará os meus pés como os da corça, e me
fará andar sobre os meus lugares altos. Habacuque 3:19

9. BUSQUE O SENHOR, Ó JERUSALÉM.

Buscai ao Senhor, vós todos os mansos da terra, que tendes posto por obra o seu juizo; buscai a justiça, buscai a mansidão; porventura sereis escondidos no dia da ira do Senhor. Sofonias 2:3

10. BUSQUE A PAZ E PROSPERIDADE DE JERUSALÉM.

Busquem a prosperidade da cidade para a qual eu os deportei e orem ao Senhor em favor dela, porque a prosperidade de vocês depende da prosperidade dela. Jeremias 29:7

11. QUE OS GOVERNADORES FAÇAM LEIS JUSTAS.

Por mim reinam os reis, e os príncipes decretam o que justo. Provérbios 8:15

12. QUE DEUS CUIDE DE TI.

E será a costa para o restante da casa de Judá, para que eles se apascentem ali; de tarde se deitarão nas casas de Asquelom; pois o Senhor seu Deus os visitará, e os fará tornar do seu cativeiro. Sofonias 2:7

13. PURIFICA OS LÁBIOS DO POVO, Ó SENHOR.

Pois então darei lábios puros aos povos, para que todos invoquem o nome do Senhor, e o sirvam com o mesmo espírito. Sofonias 3:9

14. QUE DEUS RETIRE TUA PUNIÇÃO.

Canta alegremente, ó filha de Sião; rejubila, ó Israel; regozija-te, e exulta de todo o coração, ó filha de Jerusalém. O Senhor afastou os juízos que havia contra ti, lançou fora o teu inimigo; o Rei de Israel, o Senhor, está no meio de ti; não temerás daqui em diante mal algum. Sofonias 3:14-15

15. QUE DEUS ESTEJA CONTIGO.

O Senhor teu Deus está no meio de ti, poderoso para te salvar; ele se deleitará em ti com alegria. Sofonias 3:17

16. QUE DEUS SE REGOZIJE EM TI.

Renovar-te-á no seu amor, regozijar-se-á em ti com júbilo. Sofonias 3:17

17. QUE A GLÓRIA DESSA CIDADE SEJA MAIOR QUE A DA ANTERIOR.
A glória desta última casa será maior do que a da primeira, diz o Senhor dos exércitos. Ageu 2:9

18. QUE DEUS DÊ PAZ À JERUSALÉM.
E neste lugar darei a paz, diz o Senhor dos exércitos. Ageu 2:9

19. QUE DEUS SEJA UMA MURALHA DE FOGO AO REDOR DA CIDADE.
Pois eu, diz o Senhor, lhe serei um muro de fogo em redor, e eu, no meio dela, lhe serei a glória. Zacarias 2:5

20. QUE O JUSTO PROSPERE PARA QUE JERUSALÉM EXULTE
Quando os justos prosperam, a cidade exulta; quando os ímpios perecem, há cantos de alegria. Provérbios 11:10

21. ABENÇOA O ÓRFÃO, O POBRE E A VIÚVA.
e não oprimais a viúva, nem o órfão, nem o estrangeiro, nem o pobre; e nenhum de vós intente no seu coração o mal contra o seu irmão. Zacarias 7:10

22. QUE JERUSALÉM EXPERIMENTE TEU PODER, SENHOR.
Ele me respondeu, dizendo: Esta é a palavra do Senhor a Zorobabel, dizendo: Não por força nem por poder, mas pelo meu Espírito, diz o Senhor dos exércitos. Zacarias 4:6

23. QUE JERUSALÉM SEJA CHAMADA A CIDADE DA VERDADE.
Assim diz o Senhor: Voltarei para Sião, e habitarei no meio de Jerusalém; e Jerusalém chamar-se-á a cidade da verdade, e o monte do Senhor dos exércitos o monte santo. Zacarias 8:3

24. QUE DEUS SEJA FIÉL E JUSTO CONTIGO.
e os trarei, e eles habitarão no meio de Jerusalém; eles serão o meu povo, e eu serei o seu Deus em verdade e em justiça. Zacarias 8:8

25. QUE HAJA JULGAMENTOS RETOS EM TUAS CORTES.

Eis as coisas que deveis fazer: Falai a verdade cada um com o seu próximo; executai juízo de verdade e de paz nas vossas portas; Zacarias 8:16

26. TU ÉS A MENINA DOS OLHOS DE DEUS.

Pois assim diz o Senhor dos exércitos: Para obter a glória ele me enviou às nações que vos despojaram; porque aquele que tocar em vós toca na menina do seu olho. Zacarias 2:8

27. QUE HAJA MUITOS MENSAGEIROS DO SENHOR TODO PODEROSO.

A lei da verdade esteve na sua boca, e a impiedade não se achou nos seus lábios; ele andou comigo em paz e em retidão, e da iniqüidade apartou a muitos. Pois os lábios do sacerdote devem guardar o conhecimento, e da sua boca devem os homens procurar a instrução, porque ele é o mensageiro do Senhor dos exércitos. Malaquias 2:6,7

28. QUE TUAS BÊNÇÃOS TRANSBORDEM.

Trazei todos os dízimos à casa do tesouro, para que haja mantimento na minha casa, e depois fazei prova de mim, diz o Senhor dos exércitos, se eu não vos abrir as janelas do céu, e não derramar sobre vós tal bênção, que dela vos advenha a maior abastança. Malaquias 3:10

29. QUE EXPERIMENTES CURA, JERUSALÉM.

Mas para vós, os que temeis o meu nome, nascerá o sol da justiça, trazendo curas nas suas asas; e vós saireis e saltareis como bezerros da estrebaria. Malaquias 4:2

30. BENDITA É A CIDADE CUJO DEUS É O SENHOR.

Como é feliz a nação que tem o Senhor como Deus, o povo que ele escolheu para lhe pertencer! Salmos 33:12

E o anjo que falava comigo disse-me: Clama, dizendo: Assim diz o Senhor dos Exércitos: Com grande zelo estou zelando por Jerusalém e por Sião.
Zacarias 1:14

ANOTAÇÕES

OUTUBRO

Sinagoga central, rua Rei George/King George © Davka 1991

Alegra-te muito, ó filha de Sião;
exulta, ó filha de Jerusalém;
eis que o teu rei virá a ti, justo e Salvador, pobre,
e montado sobre um jumento, e sobre um
jumentinho, filho de jumenta
Zacarias 9:9

Dizei à filha de Sião: Eis que o teu Rei aí te
vem,Manso, e assentado sobre uma jumenta,
E sobre um jumentinho, filho de animal de carga.
Mateus 21:5

Feriados Judaicos em outubro

Levíticos 23:33, 34   O SENHOR disse a Moisés : «No dia quinze do mesmo sétimo mês é a festa das Tendas, durante sete dias, em honra do SENHOR. No primeiro dia, haverá uma assembleia de oração e não devem fazer nenhum trabalho. No oitavo dia, devem convocar uma assembleia de oração...

OUTUBRO

1. ORE PELA PAZ DE JERUSALÉM.
Orem pela paz de Jerusalém: Vivam em segurança aqueles que te amam!
Salmos 122:6

2. QUE DEUS ABENÇOE OS QUE CREEM COM TODAS BÊNÇÃOS ESPIRITUAIS EM CRISTO.
Bendito seja o Deus e Pai de nosso Senhor Jesus Cristo, o qual nos abençoou com todas as bênçãos espirituais nas regiões celestes em Cristo; Efésios 1:3

3. ABENÇOA OS POBRES DE ESPÍRITO.
Bem-aventurados os humildes de espírito, porque deles é o reino dos céus.
Mateus 5:3

4. ABENÇOA OS QUE CHORAM.
Bem-aventurados os que choram, porque eles serão consolados.
Mateus 5:4

5. ABENÇOA OS HUMILDES.
Bem-aventurados os mansos, porque eles herdarão a terra. Mateus 5:5

6. ABENÇOA AQUELES QUE BUSCAM A RETIDÃO.
Bem-aventurados os que têm fome e sede de justiça porque eles serão fartos. Mateus 5:6

7. ABENÇOA OS MISERICORDIOSOS.
Bem-aventurados os misericordiosos, porque eles alcançarão misericórdia.
Mateus 5:7

8. ABENÇOA OS PUROS DE CORAÇÃO.
Bem-aventurados os limpos de coração, porque eles verão a Deus.
Mateus 5:8

9. ABENÇOA OS PACIFICADORES.
Bem-aventurados os pacificadores, porque eles serão chamados filhos de Deus. Mateus 5:8

10. BUSQUE A PAZ E PROSPERIDADE DE JERUSALÉM.
Busquem a prosperidade da cidade para a qual eu os deportei e orem ao Senhor em favor dela, porque a prosperidade de vocês depende da prosperidade dela. Jeremias 29:7

11. SUSTENTA OS QUE SÃO FIÉIS.
A benignidade e a verdade guardam o rei; e com a benignidade sustém ele o seu trono. Provérbios 20:28

12. QUE OS FILHOS DE JERUSALÉM SEJAM ABENÇOADOS.
E, tomando-as nos seus braços, as abençoou, pondo as mãos sobre elas. Marcos 10:16

13. QUE OS RICOS ENCONTREM A DEUS.
Então Jesus, olhando em redor, disse aos seus discípulos: Quão dificilmente entrarão no reino de Deus os que têm riquezas! Marcos 10:23

14. ABENÇOA OS CEGOS DA CIDADE.
Este, quando ouviu que era Jesus, o nazareno, começou a clamar, dizendo: Jesus, Filho de Davi, tem compaixão de mim! Marcos 10:47

15. QUE OS QUE SOFREM ACHEM PAZ.
Disse-lhe ele: Filha, a tua fé te salvou; vai-te em paz, e fica livre desse teu mal. Marcos 5:34

16. ABENÇOA AQUELES QUE CREEM NA PALAVRA DE DEUS.
Bem-aventurada aquela que creu que se hão de cumprir as coisas que da parte do Senhor lhe foram ditas. Lucas 1:45

17. QUE A MISERICÓRDIA DE DEUS ESTEJA SOBRE AQUELES QUE O TEMEM.
E a sua misericórdia vai de geração em geração sobre os que o temem. Lucas 1:50

18. QUE DEUS TE RESGATE DE TEUS INIMIGOS.
de conceder-nos que, libertados da mão de nossos inimigos, o servíssemos sem temor, em santidade e justiça perante ele, todos os dias da nossa vida. Lucas 1:74-75

19. QUE YESHUA SEJA UMA LUZ AOS GENTIOS.
luz para revelação aos gentios, e para glória do teu povo Israel. Lucas 2:32

20. QUE O JUSTO PROSPERE PARA QUE JERUSALÉM EXULTE
Quando os justos prosperam, a cidade exulta; quando os ímpios perecem, há cantos de alegria. Provérbios 11:10

21. QUE O SENHOR ALIMENTE OS FAMINTOS.
Aos famintos encheu de bens, e vazios despediu os ricos. Lucas 1:53

22. QUE HAJA MUITOS QUE TENHAM GRANDE FÉ.
Jesus, ouvindo isso, admirou-se dele e, voltando-se para a multidão que o seguia, disse: Eu vos afirmo que nem mesmo em Israel encontrei tamanha fé. Lucas 7:9

23. ABENÇOA OS CRENTES MESSIÂNICOS.
E bem-aventurado aquele que não se escandalizar de mim. Lucas 7:23

24. QUE SEJAS CHEIO DA GRAÇA DE DEUS.
Pois todos nós recebemos da sua plenitude, e graça sobre graça. João 1:16

25. QUE YESHUA SEJA O PÃO DA VIDA PARA JERUSALÉM.
Declarou-lhes Jesus. Eu sou o pão da vida; aquele que vem a mim, de modo algum terá fome, e quem crê em mim jamais terá sede. João 6:35

26. QUE YESHUA SEJA A LUZ DE JERUSALÉM.
Enquanto estou no mundo, sou a luz do mundo. João 9:5

27. ABENÇOA YESHUA, O BOM PASTOR.
Eu sou o bom pastor; o bom pastor dá a sua vida pelas ovelhas. João 10:11

ORAÇÃO PELA CHUVA

E será que, se diligentemente obedecerdes a meus mandamentos que hoje vos ordeno, de amar ao Senhor vosso Deus, e de o servir de todo o vosso coração e de toda a vossa alma, Então darei a chuva da vossa terra a seu tempo, a temporã e a serôdia, para que recolhais o vosso grão, e o vosso mosto e o vosso azeite. Deuteronômio 11:13-14

No último dia da Festa dos Tabernáculos, judeus religiosos começam a orar por chuva.

Joreh, a primeira chuva depois de um longo e seco verão geralmente cai perto do fim de outubro, começo de novembro e sempre é motivo de alegria e gratidão. Os campos podem ser arados e preparados para a colheita do ano seguinte.

Geshem são as chuvas de inverno, às vezes vindas entre meados de dezembro até março.

Melkosh é a palavra em hebraico para 'chuvas tardias', que vêm na primavera e necessárias para o crescimento de cevada e grãos.

Duchas de Gilo, vista desde Ramat Denia

28. FELIZES OS QUE ENCONTRAM YESHUA, QUE É O CAMINHO.
Respondeu-lhe Jesus: Eu sou o caminho, e a verdade, e a vida; ninguém vem ao Pai, senão por mim. João 14:6

29. QUE O ESPÍRITO DA VERDADE GUIE MUITOS.
Quando vier, porém, aquele, o Espírito da verdade, ele vos guiará a toda a verdade; porque não falará por si mesmo, mas dirá o que tiver ouvido, e vos anunciará as coisas vindouras. João 16:13

30. BENDITA É A CIDADE CUJO DEUS É O SENHOR.
Como é feliz a nação que tem o Senhor como Deus, o povo que ele escolheu para lhe pertencer! Salmos 33:12

31. Que o nome da cidade seja: O SENHOR ESTÁ AQUI
E daquele momento em diante, o nome da cidade será: O SENHOR ESTÁ AQUI. Ezequiel 48:35

ANOTAÇÕES

NOVEMBRO

Também virão a ti, inclinando-se,
os filhos dos que te oprimiram;
e prostrar-se-ão às plantas dos teus pés
todos os que te desprezaram;
e chamar-te-ão a cidade do Senhor,
a Sião do Santo de Israel.
Isaías 60:14

NOVEMBRO

1. ORE PELA PAZ DE JERUSALÉM.
Orem pela paz de Jerusalém: "Vivam em segurança aqueles que te amam!
Salmos 122:6

2. QUE OS CRENTES SEJAM CHEIOS DO CONHECIMENTO DE SUA VONTADE.
Por esta razão, nós também, desde o dia em que o ouvimos, não cessamos
de orar por vós, e de pedir que sejais cheios do conhecimento da sua
vontade, em toda a sabedoria e inteligência espiritual; Colossenses 1:9

3. FELIZES SÃO OS QUE NÃO VIRAM, PORÉM AINDA CREEM.
Disse-lhe Jesus: Porque me viste, Tomé, creste; bem-aventurados os que
não viram e creram. João 20:29

4. QUEM MUITOS SE JUNTEM PARA ORAÇÃO.
Todos estes perseveravam unanimemente em oração e súplicas, com as
mulheres, e Maria mãe de Jesus, e com seus irmãos. Atos 1:14

5. QUE MUITOS SE ARREPENDAM E SEJAM BATIZADOS.
E disse-lhes Pedro: Arrependei-vos, e cada um de vós seja batizado em
nome de Jesus Cristo, para perdão dos pecados; e recebereis o dom do
Espírito Santo; Atos 2:38

6. QUE DEUS CAPACITE OS SEUS A FALAREM INTREPIDAMENTE.
Agora, pois, ó Senhor, olha para as suas ameaças, e concede aos teus servos
que falem com toda a ousadia a tua palavra; Atos 4:29

7. QUE AJA MUITOS SINAIS DE MILAGRES NA CIDADE.
E muitos sinais e prodígios eram feitos entre o povo pelas mãos dos
apóstolos. E estavam todos unanimemente no alpendre de Salomão. Dos
outros, porém, ninguém ousava ajuntar-se a eles; mas o povo tinha-os em
grande estima. E a multidão dos que criam no Senhor, tanto homens como
mulheres, crescia cada vez mais. Atos 5:12-14

8. QUE O NÚMERO DOS CRENTES CRESÇA.
E crescia a palavra de Deus, e em Jerusalém se multiplicava muito o número dos discípulos, e grande parte dos sacerdotes obedecia à fé. Atos 6:7

9. QUE MUITOS VEJAM QUE SEUS PECADOS PODEM SER PERDOADOS POR YESHUA.
Seja-vos, pois, notório, homens irmãos, que por este se vos anuncia a remissão dos pecados. Atos 13:38

10. BUSQUE A PAZ E PROSPERIDADE DE JERUSALÉM.
Busquem a prosperidade da cidade para a qual eu os deportei e orem ao Senhor em favor dela, porque a prosperidade de vocês depende da prosperidade dela. Jeremias 29:7

11. QUE O GOVERNO JULGUE OS POBRES COM JUSTIÇA.
O rei que julga os pobres conforme a verdade firmará o seu trono para sempre. Provérbios 29:14

12. QUE A PALAVRA DO SENHOR SE ESPALHE PELA CIDADE.
E a palavra do Senhor se divulgava por toda aquela província. Atos 13:49

13. QUE O SENHOR ENCHA SEU CORAÇÃO DE BÊNÇÃOS.
E contudo, não se deixou a si mesmo sem testemunho, beneficiando-vos lá do céu, dando-vos chuvas e tempos frutíferos, enchendo de mantimento e de alegria os vossos corações. Atos 14:17

14. QUE MUITOS ENCONTREM PAZ EM YESHUA.
Tendo sido, pois, justificados pela fé, temos paz com Deus, por nosso Senhor Jesus Cristo. Romanos 5:1

15. QUE MUITOS RECEBAM O ESPÍRITO DE DEUS.
Vós, porém, não estais na carne, mas no Espírito, se é que o Espírito de Deus habita em vós. Mas, se alguém não tem o Espírito de Cristo, esse tal não é dele. Romanos 8:9

16. QUE TU TRABALHES PARA O BEM DAQUELE QUE TE AMAM, SENHOR.
E sabemos que todas as coisas contribuem juntamente para o bem daqueles que amam a Deus, daqueles que são chamados segundo o seu propósito.Romanos 8:28

17. SE DEUS É POR TI, QUEM SERÁ CONTRA TI, Ó JERUSALÉM.
Que diremos, pois, a estas coisas? Se Deus é por nós, quem será contra nós? Romanos 8:31

18. QUE NADA TE SEPARE DO AMOR DE DEUS.
Nem a altura, nem a profundidade, nem alguma outra criatura nos poderá separar do amor de Deus, que está em Cristo Jesus nosso Senhor. omanos 8:39

19. QUE DEUS ABENÇOE AQUELES QUE O INVOCAM.
Porquanto não há diferença entre judeu e grego; porque um mesmo é o Senhor de todos, rico para com todos os que o invocam. Porque todo aquele que invocar o nome do Senhor será salvo. Romanos 10:12-13

20. QUE O JUSTO PROSPERE PARA QUE JERUSALÉM EXULTE
Quando os justos prosperam, a cidade exulta; quando os ímpios perecem, há cantos de alegria. Provérbios 11:10

21. CONHECER A DEUS É DEFENDER A CAUSA DO POBRE E DO NECESSITADO.
Julgou a causa do aflito e necessitado; então lhe sucedeu bem; porventura não é isto conhecer-me? diz o Senhor. Jeremias 22:16

22. QUE DEUS TE DÊ PACIÊNCIA E CORAGEM.
Ora, o Deus de paciência e consolação vos conceda o mesmo sentimento uns para com os outros, segundo Cristo Jesus. Romanos 15:5

23. QUE GLORIFIQUES A DEUS EM UMA MENTE E UMA BOCA.
Para que concordes, a uma boca, glorifiqueis ao Deus e Pai de nosso Senhor Jesus Cristo. Romanos 15:6

24. QUE SATANÁS SEJA PISADO SOB TEUS PÉS.
E o Deus de paz esmagará em breve Satanás debaixo dos vossos pés. A graça de nosso Senhor Jesus Cristo seja convosco. Amém. Romanos 16:20

25. QUE EXPERIMENTES ESPERANÇA, PACIÊNCIA E FÉ.
Alegrai-vos na esperança, sede pacientes na tribulação, perseverai na oração; Romanos 12:12

26. QUE MUITOS AMEM A DEUS PARA QUE SEJAM CONHECIDOS POR ELE.
Mas, se alguém ama a Deus, esse é conhecido dele. 1 Coríntios 8:3

27. QUE DEUS VIVA E ANDE CONTIGO.
E que consenso tem o templo de Deus com os ídolos? Porque vós sois o templo do Deus vivente, como Deus disse: Neles habitarei, e entre eles andarei; e eu serei o seu Deus e eles serão o meu povo. 2 Coríntios 6:16

28. QUE ABUNDES NA GRAÇA DE YESHUA.
E Deus é poderoso para fazer abundar em vós toda a graça, a fim de que tendo sempre, em tudo, toda a suficiência, abundeis em toda a boa obra; 2 Coríntios 9:8

29. QUE EXPERIMENTES GRAÇA, AMOR E COMUNHÃO.
A graça do Senhor Jesus Cristo, e o amor de Deus, e a comunhão do Espírito Santo seja com todos vós. Amém. 2 Coríntios 13:14

30. BENDITA É A CIDADE CUJO DEUS É O SENHOR.
Como é feliz a nação que tem o Senhor como Deus, o povo que ele escolheu para lhe pertencer! Salmos 33:12

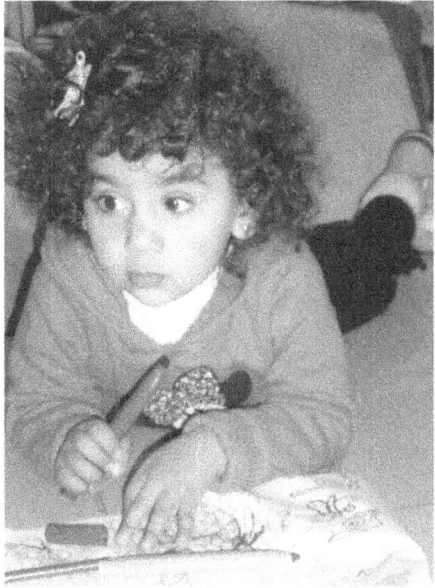

89

ANOTAÇÕES

DEZEMBRO

[Jerusalém]
... tua vida mais clara se levantará do que o
meio-dia; ainda que haja trevas,
será como a manhã.
E terás confiança, porque haverá esperança;
olharás em volta e repousarás seguro.
E deitar-te-ás, e ninguém te espantará;
muitos suplicarão o teu favor.
Jó 11:17-19

Feriados Judaicos em dezembro

João 10:22-25 - Jesus e Chanukah: E em Jerusalém havia a festa da dedicação, e era inverno. E Jesus andava passeando no templo, no alpendre de Salomão. Rodearam-no, pois, os judeus, e disseram-lhe: Até quando terás a nossa alma suspensa? Se tu és o Cristo, dize-no-lo abertamente. Respondeu-lhes Jesus: Já vo-lo tenho dito, e não o credes. As obras que eu faço, em nome de meu Pai, essas testificam de mim.

DEZEMBRO

1. ORE PELA PAZ DE JERUSALÉM.
Orem pela paz de Jerusalém: Vivam em segurança aqueles que te amam!
Salmos 122:6

2. QUE DEUS DÊ AO QUE CRÊ UM ESPÍRITO DE PODER, AMOR E DOMÍNIO PRÓPRIO.
Porque Deus não nos deu o espírito de covardia, mas de poder, de amor e de moderação. 2 Timóteo 1:7

3. QUE O FRUTO DO ESPÍRITO SEJA EVIDENTE NO CRENTE.
Mas o fruto do Espírito é: o amor, o gozo, a paz, a longanimidade, a benignidade, a bondade, a fidelidade. Gálatas 5:22

4. QUE A MULTÍPLICE SABEDORIA DE DEUS SEJA FEITA CONHECIDA.
Para que agora seja manifestada, por meio da igreja, aos principados e potestades nas regiões celestes. Efésios 3:10

5. QUE JERUSALÉM EXPERIMENTE A PAZ DE DEUS.
e a paz de Deus, que excede todo o entendimento, guardará os vossos corações e os vossos pensamentos em Cristo Jesus. Filipenses 4:7

6. QUE A PLENITUDE DO SENHOR SEJA VISTA EM JERUSALÉM.
Porque nele habita corporalmente toda a plenitude da divindade, e tendes a vossa plenitude nele, que é a cabeça de todo principado e potestade. Colossenses 2:9-10

7. QUE JERUSALÉM SEJA SANTIFICADA PELO DEUS DA PAZ.
E o próprio Deus de paz vos santifique completamente; e o vosso espírito, e alma e corpo sejam plenamente conservados irrepreensíveis para a vinda de nosso Senhor Jesus Cristo. 1 Tessalonicenses 5:23

8. QUE JERUSALÉM RECEBA ENCORAJAMENTO E ESPERANÇA ETERNA.
E o próprio Senhor nosso, Jesus Cristo, e Deus nosso Pai que nos amou e pela graça nos deu uma eterna consolação e boa esperança.
2 Tessalonicenses 2:16

9. QUE A GRAÇA DE DEUS SEJA DERRAMADA SOBRE JERUSALÉM.
E a graça de nosso Senhor superabundou com a fé e o amor que há em Cristo Jesus. 1 Timóteo 1:14

10. BUSQUE A PAZ E PROSPERIDADE DE JERUSALÉM.
Busquem a prosperidade da cidade para a qual eu os deportei e orem ao Senhor em favor dela, porque a prosperidade de vocês depende da prosperidade dela. Jeremias 29:7

11. ABENÇOA OS LÍDERES DE JERUSALÉM.
Exorto, pois, antes de tudo que se façam súplicas, orações, intercessões, e ações de graças por todos os homens, pelos reis, e por todos os que exercem autoridade, para que tenhamos uma vida tranqüila e sossegada, em toda a piedade e honestidade. 1 Timóteo 2:1-2

12. QUE A GRAÇA DE DEUS TRAGA SALVAÇÃO.
Porque a graça de Deus se manifestou, trazendo salvação a todos os homens, Tito 2:11

13. ABENÇOA AQUELES QUE COMPARTILHAM SUA FÉ.
Para que a comunicação da tua fé se torne eficaz, no pleno conhecimento de todo o bem que em nós há para com Cristo. Filemom 1:6

14. ABENÇOA OS QUE ESPERAM SEM DUVIDAR.
Retenhamos inabalável a confissão da nossa esperança, porque fiel é aquele que fez a promessa. Hebreus 10:23

15. QUE JERUSALÉM EXPERIMENTE A SANTIDADE DE DEUS.
Pois aqueles por pouco tempo nos corrigiam como bem lhes parecia, mas este, para nosso proveito, para sermos participantes da sua santidade...Segui a paz com todos, e a santificação, sem a qual ninguém verá o Senhor. Hebreus 12:10-14

16. QUE DEUS TERMINE O TRABALHO QUE COMEÇOU.

Ora, o Deus de paz, que pelo sangue do pacto eterno tornou a trazer dentre os mortos a nosso Senhor Jesus, grande pastor das ovelhas, vos aperfeiçoe em toda boa obra, para fazerdes a sua vontade, operando em nós o que perante ele é agradável, por meio de Jesus Cristo, ao qual seja glória para todo o sempre. Amém. Hebreus 13:20-21

17. ABENÇOA OS QUE SUPORTAM SUAS PROVAÇÕES.

Bem-aventurado o homem que suporta a provação; porque, depois de aprovado, receberá a coroa da vida, que o Senhor prometeu aos que o amam. Tiago 1:12

18. QUE DEUS FAÇA JERUSALÉM UMA CIDADE RETA.

E o Deus de toda a graça, que em Cristo vos chamou à sua eterna glória, depois de haverdes sofrido por um pouco, ele mesmo vos há de aperfeiçoar, confirmar e fortalecer. 1 Pedro 5:10

19. QUE JERUSALÉM SEJA LIBERTA DA CORRUPÇÃO.

Pelas quais ele nos tem dado as suas preciosas e grandíssimas promessas, para que por elas vos torneis participantes da natureza divina, havendo escapado da corrupção, que pela concupiscência há no mundo. 2 Pedro 1:4

20. QUE O JUSTO PROSPERE PARA QUE JERUSALÉM EXULTE

Quando os justos prosperam, a cidade exulta; quando os ímpios perecem, há cantos de alegria. Provérbios 11:10

21. QUE O POVO DE JERUSALÉM DESFRUTE DE BOA SAÚDE.

Amado, desejo que te vá bem em todas as coisas, e que tenhas saúde, assim como bem vai à tua alma. 3 João 1:2

22. QUE O POVO DE JERUSALÉM ANDE NA LUZ DE DEUS.

Mas, se andarmos na luz, como ele na luz está, temos comunhão uns com os outros, e o sangue de Jesus seu Filho nos purifica de todo pecado. 1 João 1:7

23. QUE O POVO DE JERUSALÉM ANDE EM OBEDIÊNCIA.
E o amor é este: que andemos segundo os seus mandamentos. Este é o mandamento, como já desde o princípio ouvistes, para que nele andeis. 2 João 1:6

24. QUE OS CRENTES SEJAM EDIFICADOS EM FÉ.
Mas vós, amados, edificando-vos sobre a vossa santíssima fé, orando no Espírito Santo, conservai-vos no amor de Deus, esperando a misericórdia de nosso Senhor Jesus Cristo para a vida eterna. Judas 1:20-21

25. GLÓRIA A DEUS NAS ALTURAS.
Glória a Deus nas maiores alturas, e paz na terra entre os homens de boa vontade. Lucas 2:14

26. ABENÇOADOS SEJAM OS QUE LEVAM A PALAVRA DE DEUS A SEUS CORAÇÕES.
Bem-aventurado aquele que lê e bem-aventurados os que ouvem as palavras desta profecia e guardam as coisas que nela estão escritas; porque o tempo está próximo. Apocalipse 1:3

27. FELIZES SÃO OS QUE BUSCAM A ÁGUA VIVA.
Disse-me ainda: está cumprido: Eu sou o Alfa e o Ômega, o princípio e o fim. A quem tiver sede, de graça lhe darei a beber da fonte da água da vida. Apocalipse 21:6

28. QUE A GLÓRIA DO SENHOR DÊ LUZ À JERUSALÉM.
A cidade não necessita nem do sol, nem da lua, para que nela resplandeçam, porém a glória de Deus a tem alumiado, e o Cordeiro é a sua lâmpada. Apocalipse 21:23

29. BEM-AVENTURADOS OS QUE GUARDAM OS MANDAMENTOS DE DEUS.
Bem-aventurados aqueles que lavam as suas vestes {no sangue do Cordeiro} para que tenham direito à arvore da vida, e possam entrar na cidade pelas portas. Apocalipse 22:14

30. BENDITA É A CIDADE CUJO DEUS É O SENHOR.
Como é feliz a nação que tem o Senhor como Deus, o povo que ele
escolheu para lhe pertencer! Salmos 33:12

31. Que o nome da cidade seja: O SENHOR ESTÁ AQUI
E daquele momento em diante, o nome da cidade será: O SENHOR ESTÁ
AQUI. Ezequiel 48:35

ANOTAÇÕES

LIÇÕES DE CHANUKAH

Durante o segundo século A.C., Jerusalém tornava-se cada vez mais helenizada. Muitos viam sua nacionalidade judaica com menor importância comparada a muito maior e mais nova cultura grega. Ao invés de proclamar a mensagem sem igual de Jerusalém, a cidade em que a Shekinah havia estado, a capital judaica tornara-se uma imitação barata de Atenas e Alexandria.

Um pequeno grupo de judeus corajosos se levantou contra o paganismo, e mesmo havendo óleo suficiente para um dia, as labaredas da Menorá do Templo queimaram por oito dias. *Nes Gadol Haya Poh* – um grande milagre aconteceu aqui! Este é o sentido de Chanukah, e é por isso que cantamos: *Banu choshech legarèsh* - temos que banir a escuridão!

"Em todas as gerações houve povos que se levantaram contra nós e tentaram nos aniquilar, mas o Todo Poderoso, abençoado seja, resgatou-nos de suas mãos." (do livro Hagadah de Pessach.)

Ao longo dos séculos, o povo judeu tem sido rodeado de escuridão e experimentou uma tragédia após outra. Mas mesmo assim, sempre houve um punhado de pessoas que diziam: "Haja luz!".

Os inimigos de Deus querem destruir Jerusalém. A batalha espiritual por Jerusalém nunca terminou.

Como crentes não judeus, que foram enxertados à oliveira (Israel), podemos orar pelo poder e graça de Deus para vir sobre a cidade de Jerusalém. E até mais importante: abençoá-la.

E junto à menina dos olhos de Deus, podemos esperar a Nova Jerusalém, que terá o nome de "CIDADE CUJO DEUS É O SENHOR!"

Não te deixes vencer do mal,
mas vence o mal com o bem.
Romanos 12:21

www.ingramcontent.com/pod-product-compliance
Lightning Source LLC
Chambersburg PA
CBHW060401050426
42449CB00009B/1845